Jamás voy a olvidar a [...] casa y fui literalmen[te ...] oración en el Espíritu que provenía del televisor. Me quedé muda frente al televisor viendo a esta joven mujer con una vieja manta abrir los cielos y allegarse al trono de la gracia. Fui testigo de algo que se ha convertido en un arte perdido en las iglesias de hoy. La pastora Kimberly Ray es una especialista en el tema de la oración, y este libro es una obra *indispensable* para todos aquellos que desean desesperadamente experimentar el poder de una oración contestada.

—SHERYL BRADY
PASTORA DE THE POTTER'S HOUSE OF NORTH DALLAS
AUTORA DE *You Have It In You*

Saber cómo orar es algo invaluable. *Intervención espiritual* será una obra de gran valor para todo aquel que desee aprender a orar de manera efectiva. Kimberly Ray ha sido ungida para interceder por usted y por mí.

—CECE WINANS
CANTANTE RECONOCIDA,
GANADORA DE LOS PREMIOS GRAMMY

En esta época, caracterizada por el gran pecado de la falta de oración, Dios ha usado a una de sus recipientes para traer esperanza y sanidad en situaciones de la vida real. En la magistral obra *Intervención espiritual*, una inspirada mujer de oración y de fe, la pastora Kimberly Ray, provee abundante bálsamo curativo y terapéutico para el dolor y las heridas del alma. A través de vivos pasajes de las Escrituras, y de poderosas experiencias en el Espíritu, esta valiente mujer de Dios lo llevará al generoso oasis de liberación y de gozo prometido a todos los que confían en Él en oración. ¡Es una obra fundamental para todos!

—Obispo Horace E. Smith,
Pastor de la Apostolic Faith Church, Chicago, Illinois

Intervención espiritual no es un libro más que habla de la oración. Ha sido escrito como un manual revolucionario que ofrece directivas a aquellos que quieren orar pero que no saben cómo hacerlo o qué decir. Cada capítulo está bañado del espíritu de sanidad, liberación, victoria y crecimiento. *Intervención espiritual* es la prescripción para todo aquel que esté buscando experimentar la manifestación del poder de Dios en medio de las vicisitudes del diario vivir. Es un mapa del camino para el creyente que avanza en la fe hacia un destino victorioso que atestigüe de la grandeza de Dios ante todas las generaciones. No dudo en recomendar esta obra, más aún dada la urgente necesidad de su mensaje.

—Dra. Carolyn Showell
Profesora de Antiguo Testamento y Estudios Rabínicos
en la Universidad Hebrea de Baltimore

Intervención
espiritual

Valiosos consejos para realizar ORACIONES EFECTIVAS

KIMBERLY L. RAY

CASA
CREACIÓN

Las citas de la Escritura marcadas (nvi) corresponden a la Santa Biblia, Nueva Versión Internacional® nvi® copyright © 1999 por Bíblica, Inc.® Usada con permiso. Todos los derechos reservados mundialmente.

Traducido por: Ernesto Giménez
Director de arte: Bill Johnson

Originally published in the U.S.A. under the title:
Spiritual Intervention
Published by Charisma House, a Charisma Media Company,
Lake Mary, FL 32746 USA
Copyright © 2013 Kimberly L. Ray

Visite las páginas web de la autora: www.angierayministries.com; www.pastorkimberlyray.com

Library of Congress Control Number: 2013952671
ISBN: 978-1-62136-468-9
E-book: 978-1-62136-479-5

Nota de la editorial: Aunque la autora hizo todo lo posible por proveer teléfonos y páginas de internet correctas al momento de la publicación de este libro, ni la editorial ni la autora se responsabilizan por errores o cambios que puedan surgir luego de haberse publicado.

Impreso en los Estados Unidos de América
14 15 16 17 18 * 5 4 3 2 1

Este libro está dedicado a la memoria de mis amados padres Harry y Angie Ray. Mi madre me enseñó un amor puro por la oración amorosa y ferviente. Mi padre me inculcó el deseo por tener un corazón limpio. Estaré agradecida toda mi vida por tres extraordinarios tesoros, mis hermanas Cheryl, J. Denise, y Tanya. Su increíble amor, dedicación, y su fuerza, han bendecido mi vida más allá de toda medida. Un agradecimiento especial para mi asistente ejecutiva LaWanda Rucker. Su perseverancia es destacable. Finalmente, a mi iglesia Church on the Rock. Ustedes son mi inspiración.

CONTENIDO

Intervención espiritual para los que sufren de adicciones y de comportamientos compulsivos

Intervención espiritual por las familias y por las relaciones interpersonales

Intervención espiritual por la salud y la restauración física

Intervención espiritual por la victoria espiritual

PRÓLOGO

Es para mí un placer recomendar este libro sobre el poder de la oración. Conozco a Kimberly Ray desde hace años. Kimberly es una mujer que ha dedicado su vida a la oración y la liberación, y su conocimiento del tema lo ha obtenido a través de la experiencia y de haber presenciado innumerables liberaciones. Las enseñanzas y las oraciones contenidas en este libro ayudarán a muchos a ser liberados de las ataduras y de las trampas del enemigo. Creo firmemente que todo aquel que lea esta obra y ore como aquí se indica experimentará el milagro de la salvación y la liberación.

Se han escrito muchos libros sobre el tema de la oración que han sido de bendición para la iglesia. Dios está ampliando nuestro conocimiento sobre la liberación, y se están escribiendo diversas obras sobre la oración que nos llevan a otro nivel de fe y a alcanzar nuevos logros. Este libro es el resultado de años de experiencia confrontando problemas difíciles y atacando los bastiones del enemigo. Dios ha sido muy bueno al darnos las respuestas a problemas difíciles; y los resultados han sido asombrosos. Quiero invitar al lector a apropiarse de la sabiduría que el Padre nos ha legado a través de Kimberly Ray.

Hay algunos aspectos en este libro que hasta donde yo sé no han sido cubiertos en otros libros sobre la oración. Contiene oraciones especiales para las personas que han sido víctimas de la violencia, y para aquellos que cumplen funciones militares y sus familias. Estos dos aspectos han cobrado gran importancia debido a los acontecimientos que se están suscitando hoy en nuestro mundo, y por los traumas que muchos han sufrido a consecuencia de ellos. Contiene también oraciones poderosas para los niños y los hombres, los cuales han sido objeto de los ataques del enemigo con el propósito de destruir a las familias.

En nuestro tiempo ha habido un importante incremento en el número de personas que sufren de trastornos alimenticios, adicciones a las drogas, adicciones sexuales y comportamientos compulsivos. El divorcio y la confusión matrimonial están en su punto máximo en nuestro país. Mucha gente ha sido víctima de abusos y necesita ser sanada y liberada a un nivel más profundo. Son problemas que requieren de soluciones espirituales. La liberación es la solución inmediata y urgente. La falta de conocimiento en el tema de la liberación en muchas iglesias ha dejado sin esperanza y sin solución a muchos. Este libro lo animará a entrar en el campo de la liberación y la oración, y le dará esperanza aun cuando parezca que toda esperanza se ha perdido.

Muchos necesitan hoy ser liberados de la pobreza y de las ataduras financieras. Estos patrones son generalmente difíciles de romper, por lo que la liberación y la oración es necesaria en diversos casos. La pobreza puede minar las fuerzas de un individuo y hasta quitarle su deseo de vivir. Es importante ofrecer liberación ante estas ataduras del enemigo, pero para lograrlo debemos saber pronunciar oraciones poderosas. Este libro contiene las oraciones necesarias para lograrlo, y ayudará a todos aquellos que estén luchando por vencer estos reductos resistentes del diablo.

Nada es imposible para Dios. La sabiduría divina es mayor que cualquier problema. Dios le ha dado a Kimberly las llaves que abren las cadenas que atan a los cautivos y que producen liberación. Usted será bendecido por oraciones que abarcan aspectos que muchas veces son pasados por alto. Junto a ellas encontrará también enseñanzas que le darán un mayor entendimiento sobre el poder de la oración. Me llena de satisfacción ver a una nueva generación de líderes escribiendo libros que representan poderosas armas en contra de las fuerzas de las tinieblas.

Es mi deseo que esta obra expanda su catálogo de oraciones y le dé una mayor autoridad para lograr sus objetivos. Estas enseñanzas y oraciones lo ayudarán a usted mismo a obtener liberación, y le darán la capacidad de orar por otros. Pido a Dios que el nivel de oración y liberación continúe incrementándose y que como resultado, se lleven a cabo muchos milagros mediante la fe y el poder de Dios.

—APÓSTOL JOHN ECKHARDT
DIRECTOR DE CRUSADERS MINISTRIES, CHICAGO, ILLINOIS

INTRODUCCIÓN

SEGURAMENTE USTED HA visto la siguiente escena por la televisión o en el cine. Una mujer entra a una habitación llena de familiares y amigos. Alguien da un paso al frente y comienza a decirle calmadamente que todos están preocupados, e incluso atemorizados, de que algo terrible ocurra si ella no hace algo en relación a su consumo de drogas, su alcoholismo, y su trastorno compulsivo. La familia está desesperada. Están cansados de escuchar promesas vacías y excusas absurdas, y de verla destruir su vida progresivamente. Han decidido intervenir con la esperanza de sacarla de ese camino.

Este tipo de crisis no son ajenas para mí. He tenido el increíble honor de pastorear una congregación maravillosa en la ciudad de Chicago, y de orar con innumerables personas tanto en esta ciudad como a lo largo del país. Nuestro programa televisivo internacional *A Time of Intercession* [La hora de la intercesión] ha sido otro vehículo a través del cual hemos podido alcanzar a millones de personas en todo el mundo con el evangelio de Jesucristo, y ministrar a aquellos que nos llaman con peticiones urgentes de oración. Un hijo con problemas de drogadicción, una hermana sorprendida en una relación abusiva, o un amigo que ha sido diagnosticado con una enfermedad crónica o terminal, son casos comunes.

La cantidad de solicitudes de oración parece estar en aumento, dado el número de personas que a diario nos contactan no solo por teléfono y correo electrónico, sino también vía Facebook, Twitter y otras redes sociales. He atendido a muchos en las líneas de oración cuando hemos llevado a cabo avivamientos de oración a lo largo de todo Estados Unidos. Las necesidades son de una naturaleza tan urgente, que mi corazón se aflige al llevar las peticiones al Padre en favor de estas personas.

Todo este dolor es lo que me ha inspirado a escribir este libro. Servimos a un Dios todopoderoso que no nos ha dejado sin esperanza. Podemos orar por los demás aunque ellos no sepan cómo orar por ellos mismos. Es posible intervenir espiritualmente saturando los cielos con oraciones hasta obtener resultados.

La Biblia dice: "Y de igual manera el Espíritu nos ayuda en nuestra debilidad; pues qué hemos de pedir como conviene, no lo sabemos, pero el Espíritu mismo intercede por nosotros con gemidos indecibles" (Romanos 8:26). Como cristianos, no estamos en la indefensión. Hemos sido dotados de gran autoridad por medio de la oración. Debemos asumir la batalla y orar para romper yugos, tumbar las vendas que ciegan a las personas, y liberar a los cautivos. Podemos interceder por los casos más graves y ver el poder de Dios cambiar circunstancias sombrías.

El que usted sostiene en sus manos no es otro libro más sobre la oración. Es un manual para obtener resultados a través de la oración. Cada uno de los temas refleja las peticiones de oración que más recibimos en nuestro ministerio. Cada capítulo da luz en estos aspectos de opresión espiritual, y ofrece oraciones específicas para atacar la raíz del problema. También explico cómo es que le abrimos las puertas al enemigo, y le damos acceso a nuestras vidas, así como la manera en que podemos cerrar esas entradas en el nombre de Jesús.

Cuando realice las oraciones que se encuentran al final de cada capítulo, considere que yo lo acompaño en oración. Bien sea que usted esté orando por usted o por otra persona, siempre es bueno contar con otros que se unan a usted en la súplica. La Biblia dice: "Si dos de vosotros se pusieren de acuerdo en la tierra acerca de cualquiera cosa que pidieren, les será hecho por mi Padre que está en los cielos. Porque donde están dos o tres congregados en mi nombre, allí estoy yo en medio de ellos" (Mateo 18:19–20). El poder de la asociación es una herramienta fundamental en el arsenal de la oración.

Nuestro Dios puede lograr lo imposible. Él hizo que el sol se detuviera para que los israelitas pudieran derrotar a su enemigo. Él abrió el mar Rojo para sacar a su pueblo de la esclavitud. Él abrió el vientre de una mujer de noventa años para cumplir su promesa con Abraham. Dios ha probado una y otra vez que para él no hay nada imposible.

No hay necesidad de que nos sentemos a mirar impotentes cómo el enemigo domina las circunstancias y a la gente que nos rodea. Jesús nos dio "potestad de hollar serpientes y escorpiones, y sobre toda fuerza del enemigo" (Lucas 10:19). En Proverbios 17:17 se dice que "para ayudar en la adversidad nació el hermano" (NVI). La Biblia dice: "La oración eficaz del justo puede mucho" (Santiago 5:16). Gracias al tremendo poder de la oración podemos intervenir espiritualmente y ver resultados.

Capítulo 1
NO CON EJÉRCITO NI CON FUERZA

Yo me resisto a creer que los creyentes no pueden obtener resultados a través del poder de la oración. Establezcamos las bases del camino de la intervención espiritual mostrando el poder del Espíritu Santo. Intervenir espiritualmente es permitir que el poder de Dios fluya a través de individuos que usan la intercesión para obtener resultados para otros que no pueden orar por sí mismos. A pesar del estado crítico de un individuo que se encuentre en la necesidad de intervención durante una crisis, la intervención espiritual atacará aquellos aspectos que requieran la ayuda del Señor.

Antes de que Jesús comenzara su ministerio en esta tierra, Dios usó a Juan el Bautista para que preparara el camino para su venida. La tarea de Juan era llamar al arrepentimiento y predicar el "bautismo del arrepentimiento para perdón de pecados" (Lucas 3:3). Durante su ministerio, Juan el Bautista declaró: «Yo a la verdad os bautizo en agua para arrepentimiento; pero el que viene tras mí, cuyo calzado yo no soy digno de llevar, es más poderoso que yo; él os bautizará en Espíritu Santo y fuego» (Mateo 3:11, itálicas añadidas).

¿Cómo es que estoy tan confiada en que Dios puede intervenir y cambiar lo que pareciera ser una situación sin solución? Porque si usted ha aceptado a Cristo como su Salvador, cuenta con alguien que puede ayudarlo de manera inmediata. Su nombre es el Espíritu Santo.

El Espíritu Santo es como nosotros en muchos aspectos. Es nuestro consolador y abogado. Un abogado apoya y ayuda a los demás. El Espíritu Santo provee ayuda inmediata para salvar, rescatar, u ofrecer asistencia. Muchas personas tratan de luchar contra sus adicciones, trastornos y ataduras por sí solas. Si tuviéramos todas las respuestas, no habría entonces necesidad de buscar al Señor. El Espíritu Santo fue dado para ayudarnos. Cuando necesitamos ayuda externa, debemos acudir a Él.

El poder del Espíritu Santo es explosivo. En muchas partes de las Escrituras el Espíritu Santo es asociado con el fuego. De hecho, el Espíritu Santo descendió sobre los creyentes en el Aposento Alto como lenguas de fuego (Hechos 2:3). Si queremos ser efectivos en la oración, necesitamos el fuego del Espíritu Santo. Necesitamos ese fuego para poder traer la presencia de Dios, su pasión, y su poder purificador a nuestra vida.

La presencia de Dios. En el libro de Éxodo, cuando los hijos de Israel salieron de Egipto, "Jehová iba delante de ellos de día en una columna de nube para guiarlos por el camino, y de noche en una columna de fuego para alumbrarles, a fin de que anduviesen de día y de noche" (Éxodo 13:21). De la misma manera, el Espíritu Santo siempre nos acompaña, protegiéndonos y guiándonos, e incluso mostrándonos por cuáles cosas debemos orar (Romanos 8:26–27).

La pasión de Dios. En Hebreos 12:29 se nos dice: que "nuestro Dios es fuego consumidor". El Espíritu Santo desea consumir nuestras vidas, pensamientos y nuestra voluntad. Todo nuestro ser. Él quiere que nos entreguemos completamente a Él para que sus palabras y acciones fluyan a través de nosotros, en vez de nuestra propia sabiduría y deseos.

El poder purificador de Dios. En el libro de Isaías, el profeta describe una visión de la gloria de Dios. Al verlo, reconoce su indignidad delante de un Dios santo, y exclama: "¡Ay de mí! que soy muerto; porque siendo hombre inmundo de labios, y habitando en medio de pueblo que tiene labios inmundos, han visto mis ojos al Rey, Jehová de los ejércitos"

(Isaías 6:5). Seguidamente, un ser angelical vuela hasta donde está Isaías con un carbón encendido en su mano que ha sido tomado del altar de Dios. La Biblia dice que después de que el serafín toca la boca de Isaías con el carbón encendido, le dice: "He aquí que esto tocó tus labios, y es quitada tu culpa, y limpio tu pecado" (Isaías 6:7).

El fuego tiene la capacidad de consumir, y es usado para refinar metales preciosos como el oro y la plata. Eso es exactamente lo que el Espíritu Santo hace en nuestras vidas. Cuando lo aceptamos como nuestro Señor y Salvador, consume el pecado que tenemos, que es todo aquello que desagrada a Dios, y limpia nuestros corazones para que podamos ser recipientes puros para su uso.

El fuego del Espíritu Santo que descendió sobre el Aposento Alto el día de Pentecostés y que resguardó a los israelitas mientras abandonaban la nación de su esclavitud; el fuego que purificó la iniquidad del profeta Isaías; es el mismo fuego que mora en los corazones de su pueblo y que nos da la valentía necesaria para luchar contra el enemigo. En 1 Juan 5:14-15 dice: "Y esta es la confianza que tenemos en él, que si pedimos alguna cosa conforme a su voluntad, él nos oye. Y si sabemos que él nos oye en cualquiera cosa que pidamos, sabemos que tenemos las peticiones que le hayamos hecho".

Leemos en Hechos 10:38: "Dios ungió con el Espíritu Santo y con poder a Jesús de Nazaret, y cómo este anduvo haciendo bienes y sanando a todos los oprimidos por el diablo, porque Dios estaba con él". Jesús fue ungido por el Espíritu Santo y con poder. Este es el poder que nos permite ordenarles a las enfermedades y adicciones que se vayan en el nombre de Jesús. Es el poder que nos da las fuerzas para soportar las pruebas y salir victoriosos. Es el poder que nos ayuda a resistir la tentación de recaer en antiguos vicios y hábitos pecaminosos; y en vez de eso, caminar en la libertad que Cristo compró para nosotros en la cruz.

La Biblia nos dice: "Pero recibiréis poder, cuando haya venido sobre vosotros el Espíritu Santo, y me seréis testigos en Jerusalén, en toda Judea, en Samaria, y hasta lo último de la tierra" (Hechos 1:8). Para poder recibir el don del Espíritu Santo, debemos aceptar al Señor Jesucristo como nuestro Salvador personal y creer que Él es el Hijo de Dios que pagó el precio por nuestros pecados. Si confesamos con nuestras bocas y creemos en nuestros corazones que Jesucristo es el Señor, seremos salvos (Romanos 10:9–10). Si tan solo le pedimos a Jesús que entre a nuestra vida, y que nos llene con el poder del Espíritu Santo, Él lo hará. Este poder nos ayuda día tras día a vencer las tentaciones y a resistir las influencias negativas del pasado. Este poder nos rescata en tiempos de debilidad. El poder del Espíritu Santo nos ayuda a dominarnos, avanzar con la paz divina, y manifestar los frutos del Espíritu (Gálatas 5:22–23).

El poder del Espíritu Santo es maravilloso. El Espíritu Santo es el que nos capacita para caminar erguidos. ¿Cómo lo hace?

El Espíritu Santo nos da poder para dominar cualquier pensamiento que pudiera amenazar nuestra paz. Así es. Podemos pedirle a Dios que regule nuestros pensamientos. En 2 Corintios 10:5 dice: "Derribando argumentos y toda altivez que se levanta contra el conocimiento de Dios, y llevando cautivo todo pensamiento a la obediencia a Cristo". Esto significa literalmente que a través del poder del Espíritu Santo podemos resistir las creencias negativas y reemplazarlas con pensamientos edificantes. Por ejemplo: Si usted se despierta sintiéndose deprimido y con un corazón apesadumbrado, usted tiene el poder de cambiar la atmósfera colocándose el "manto de alabanza en vez de espíritu abatido" (Isaías 61:3, LBLA). Usted no tiene que caer en depresión. El manto de alabanza es como una capa que lo cubrirá con un espíritu gozoso.

El Espíritu Santo también nos capacita para alejar al enemigo. En Santiago 4:7 se nos dice: "Someteos, pues, a Dios; resistid al diablo, y huirá de vosotros". La palabra *huirá* significa que se apartará. El Espíritu Santo nos da poder para alejar al adversario de nosotros instantáneamente. Cuando hemos sido liberados de algo, si el deseo de retomar ese comportamiento vuelve a aparecer, hay algo que podemos hacer: *resistir.*

Resistir significa "esforzarse para contrarrestar o derrotar; resistir la fuerza o el efecto de algo haciendo el esfuerzo de contraatacarlo".[1] No se deje vencer por la tentación. Pídale al Espíritu Santo que lo ayude, y Él lo hará inmediatamente. Mediante el poder del Espíritu Santo usted puede recibir la fuerza necesaria para decirle no a las cosas de la carne y del pasado.

Finalmente, el Espíritu Santo nos da el poder de vivir una vida consagrada. Estar consagrados significa sencillamente estar separados para Dios y su gloria. Las Escrituras nos dicen que debemos ser diferentes al resto del mundo. ¿Cómo logramos esto? Presentando nuestros cuerpos "en sacrificio vivo, santo, agradable a Dios", que es nuestro culto racional. No debemos transformarnos a este siglo, sino ser transformados por medio de la renovación del entendimiento, para comprobar cuál sea la buena voluntad de Dios, agradable y perfecta (ver Romanos 12:1–2).

Después de que hemos sido perdonados y hemos recibido el don del Espíritu Santo, en ocasiones el enemigo intentará recordarnos nuestro pasado y los errores que hemos cometido. La Biblia nos dice: "De modo que si alguno está en Cristo, nueva criatura es; las cosas viejas pasaron; he aquí todas son hechas nuevas" (2 Corintios 5:17). Así que cuando el enemigo trate de condenarlo con sus errores pasados, recuérdele simplemente lo que la palabra de Dios dice de usted. No lo olvide: "Ninguna condenación hay para los que están en Cristo Jesús, los que no andan conforme a la carne, sino conforme al Espíritu" (Romanos 8:1).

El Espíritu Santo tiene una asombrosa manera de trabajar tras bastidores. Recuerdo haber tenido mi primer encuentro con el Espíritu Santo cuando era una niña de apenas doce años. Ocurrió un viernes en la noche en una iglesia en Chicago. Nuestro pastor estaba hablando del derramamiento del Espíritu Santo, y afirmaba que "el Espíritu Santo entra en los corazones alegres". Nos aconsejó que no pidiéramos nada, sino que simplemente alabáramos a Dios por lo que Él es. Esa noche, durante el momento de la adoración, recibí la unción poderosa y sobrecogedora del Espíritu Santo. Recuerdo haber sentido un espíritu de paz, y experimenté por primera vez hablar en lenguas celestiales. Mi madre estaba conmigo, y lágrimas comenzaron a correr por mis mejillas.

Estaba aún bajo el influjo del Espíritu, cuando la persona que nos llevó a la iglesia dijo que tenía que irse. Mi mamá llamó a un taxi para que yo pudiera continuar recibiendo la bendición del Señor. Yo seguía alabando a Dios por el obsequio del Espíritu Santo. Incluso en el taxi seguía recibiendo de parte del Señor. El conductor del taxi le preguntó a mi madre: "¿Está bien la niña?", a lo que ella respondió: "Sí, ella está bien. Fue llena de la unción del Espíritu Santo esta noche". Es difícil expresar con palabras lo que experimenté aquella noche. Había recibido una dosis de gozo y de poder de parte del Espíritu. Desde entonces mi vida no fue la misma.

Es el Espíritu Santo el que nos capacita para vivir para Dios y caminar en su poder. Es Él quien pone en nosotros el deseo de complacer a Dios y no permitir que nada interrumpa nuestra comunión con él. Y es Él el que nos ayuda a resistir las tentaciones diariamente, así como las influencias negativas del pasado. Él nos rescatará en los momentos de debilidad.

Jamás debemos aceptar la derrota si contamos con el poder del Espíritu Santo. Cuando sea necesario, podemos llamar al Espíritu Santo y esperar que este llegue inmediatamente en nuestra ayuda. Proclamamos victoria sobre el poder del enemigo, no con ejército, ni con fuerza, sino con su Espíritu, como ha dicho Jehová de los ejércitos (ver Zacarías 4:6). Jamás, y cuando digo jamás es jamás, permita que el enemigo lo convenza de que su situación no tiene salida.

Capítulo 2
ARMADO Y PELIGROSO

A NUESTRO ENEMIGO EL diablo le gusta ver a la gente oprimida. Después de todo, su misión es matar, robar, y destruir (Juan 10:10). Las personas en situaciones desesperadas están justo como el enemigo quiere que estén, y Él no va a dejarlas salir de ese estado tan fácilmente. Es por eso que necesitamos estudiar y conocer a nuestro oponente si deseamos disfrutar de libertad y ver a otros ser liberados.

Satanás se ha propuesto ejercer una fuerte oposición contra el cuerpo de creyentes. A menos que entendamos a nuestro adversario el diablo, y la ira que tiene en contra nuestra, no seremos capaces de derrotarlo. El diccionario Webster define la palabra guerra como: "Una lucha o competencia entre fuerzas opuestas por un fin particular".[1] La oposición que muestra el diablo no tiene que ver con usted. Estas fuerzas que actúan en su contra lo que están buscando es vengarse del Dios altísimo.

Cuando Lucifer fue expulsado del cielo, convenció a una tercera parte de los ángeles a rebelarse contra el Dios viviente. Como resultado, todos fueron echados del cielo a las tinieblas de afuera (Apocalipsis 12:4) y se organizó una jerarquía demoníaca, que es el ejército de Satanás. Según Efesios 6:12, existen cuatro entidades separadas en el reino de las tinieblas:

- ✦ Principados
- ✦ Potestades
- ✦ Gobernadores de las tinieblas de este siglo
- ✦ Huestes espirituales de maldad

Al examinar cada una, nos daremos cuenta de que el reino del diablo está estructurado de una manera similar a las Fuerzas Armadas de Estados Unidos. Los militares tienen un comandante en jefe, seguido por generales, coroneles, mayores, capitanes, tenientes y soldados. En el reino de las tinieblas, Satanás es el líder, y cuenta con demonios que lideran pero que están sujetos a él (ver el cuadro siguiente).

Examinemos con más detalle cada uno de estos niveles de autoridad demoníaca.

Principados

El Diccionario Webster define "principado" como "un estado, o la función o autoridad de un príncipe".[2] Como lo muestra la ilustración anterior, Satanás es el comandante en jefe, y tiene espíritus que lideran bajo su mando. Los principados son territorios, regiones, imperios, reinos, naciones, países, ciudades, o pueblos gobernados por agentes con autoridad. Se trata de seres sobrenaturales siniestros que han sido despachados para que gobiernen sobre estas áreas y lleven a cabo los planes destructivos de Satanás. En el libro de Daniel encontramos un ejemplo de esto. En el capítulo 10, leemos sobre un principado satánico al que se le encargó obstaculizar la respuesta a las oraciones de Daniel.

> Entonces me dijo [el ángel del Señor]: Daniel, no temas; porque desde el primer día que dispusiste tu corazón a entender y a humillarte en la presencia de tu Dios, fueron oídas tus palabras; y a causa de tus palabras yo he venido. Mas el príncipe del reino de Persia se me opuso durante veintiún días; pero he aquí Miguel, uno de los principales príncipes, vino para ayudarme, y quedé allí con los reyes de Persia.
>
> —DANIEL 10:12–13

Como lo revela este pasaje, los principados pueden actuar contra nosotros; pero no estamos desamparados. Recuerde que Dios nos ha dado el Espíritu Santo y que mayor es el que está en nosotros, que el que está en el mundo (1 Juan 4:4).

Potestades

La definición de "potestad" es "tener control, autoridad, o influencia sobre otros".[3] Esto implica el derecho a gobernar, dirigir o determinar, junto a la capacidad de ejercer la fuerza. A los poderes satánicos se les ha dado autoridad sobre diversas regiones para llevar a cabo cualquier instrucción que reciban de Satanás, el dios de este mundo. Aunque Satanás tiene poder, Dios le ha dado a todo creyente nacido de nuevo un poder mayor. En Lucas 10:19 Jesús dice: "He aquí os doy potestad de hollar serpientes y escorpiones, y sobre toda fuerza del enemigo, y nada os dañará".

Los gobernadores de las tinieblas

Estos son príncipes y magistrados que desean controlar el mundo. Satanás es el dios de este mundo (2 Corintios 4:4). La intención de los gobernantes de las tinieblas es dominar la tierra. La Biblia nos enseña: "No améis al mundo, ni las cosas que están en el mundo. [...] Porque todo lo que hay en el mundo, los deseos de la carne, los deseos de los ojos, y la vanagloria de la vida, no proviene del Padre, sino del mundo" (1 Juan 2:15–16).

Por eso fue que Jesús reprendió a Satanás cuando este le ofreció los reinos de este mundo a cambio de que Él lo adorara. La respuesta de Jesús fue: "Al Señor tu Dios adorarás, y a él solo servirás" (Mateo 4:9–10).

Huestes de maldad

Estas son fuerzas satánicas ubicadas en posiciones estratégicas para gobernar sobre distritos, cortes municipales, lugares de empleo, escuelas, comunidades, pueblos, etcétera. A estos espíritus demoníacos se les ha asignado la tarea de infiltrar nuestro mundo y sus sistemas sociales, políticos, y económicos. Es por ello que es imperativo orar por aquellos que nos gobiernan, según aconseja 1 Timoteo 2:1–2: "Exhorto, pues, ante todo que se hagan rogativas, oraciones, peticiones y acciones de gracias por todos los hombres; por los reyes y por todos los que están en autoridad, para que podamos vivir una vida tranquila y sosegada con toda piedad y dignidad".

Nuestras armas de guerra

A pesar de la guerra que Satanás ha emprendido contra nosotros, se nos han dado armas espirituales para proteger, defender y resguardar lo que nos pertenece por derecho. Independientemente de cuán organizado pueda ser el régimen de Satanás, Jesús no nos ha dejado ignorantes de sus planes.

Se nos ha pedido que nos pongamos la armadura de Dios, de manera que podamos ejercer una oposición efectiva contra el enemigo. La Biblia dice:

> Por tanto, tomad toda la armadura de Dios, para que podáis resistir en el día malo, y habiendo acabado todo, estar firmes. Estad, pues, firmes, ceñidos vuestros lomos con la verdad, y vestidos con la coraza de justicia, y calzados los pies con el apresto del evangelio de la paz. Sobre todo, tomad el escudo de la fe, con que podáis apagar todos los dardos de fuego del maligno. Y tomad el yelmo de la salvación, y la espada del Espíritu, que es la palabra de Dios.
>
> —Efesios 6:13–17

El apóstol Pablo escribió muchas de sus epístolas estando prisionero en Roma. Durante su cautiverio pudo observar la armadura protectora que usaban los soldados romanos que estaban a cargo de cuidarlos. En el pasaje anterior Pablo usa la armadura para explicar cómo pueden defenderse los cristianos de los feroces ataques del adversario. Examinemos cada componente de la armadura de los soldados romanos para descubrir cómo se relacionan con nuestra armadura espiritual.

Ceñid vuestros lomos con la verdad

En la armadura del soldado romano el cinturón era esencial para poder mantener las demás piezas de la armadura en su lugar. De este pendían ganchos especiales que aseguraban la funda donde se guardaba la espada, la aljaba para las jabalinas, y un soporte sobre el que descansaba el escudo de batalla, que era de un tamaño considerable. Además, la correa tenía unos broches que mantenían la coraza en su lugar.

En Efesios 6:14 Pablo nos dice que la verdad mantiene al resto de nuestra armadura espiritual en su lugar. Mantenernos en la verdad nos permite movernos sin obstáculos en la batalla.

Nos permite estar abiertos a Dios en todos los aspectos de nuestra vida. En lo natural ceñimos los lomos para prepararnos para algo que requiera preparación, fortaleza o resistencia. De la misma manera, Satanás usará cualquier pecado oculto en su vida para exponerlo y tratar de acabar con su credibilidad como cristiano. Si usted conoce sus puntos vulnerables, le cierra las puertas al pecado y confiesa toda cosa oculta que no agrade a Dios, el enemigo no podrá silenciarlo. Sin embargo, si usted se mantiene en la verdad, Satanás no tendrá nada que exponer de usted. Podrá declarar sin temor: "Viene el príncipe de este mundo, y él nada tiene en mí" (Juan 14:30).

La coraza de justicia

La coraza cubría el pecho, protegiendo los órganos vitales del soldado romano. Cada coraza era hecha a la medida. La coraza del creyente no está hecha de hierro, sino de justicia. La justicia de Cristo nos permite enfrentar demonios de manera arrojada y certera, y obtener la victoria. Si usted no tiene la seguridad de la justificación mediante el sacrificio de Cristo en la cruz, será víctima de misiles de condenación, acusaciones y mentiras penetrando su corazón.

Calzados los pies con el apresto del evangelio de la paz

Las sandalias de los soldados romanos no eran comunes y corrientes. Estas estaban confeccionadas de una manera muy especial. Las suelas tenían capas de metal y de cuero con clavos que se enterraban el suelo para darle estabilidad a los soldados.

Incluso en nuestros tiempos modernos los zapatos nos aseguran pisadas firmes, movilidad, y protección. La victoria final sobre Satanás requiere que permanezcamos "firmes y constantes, creciendo en la obra del Señor" (1 Corintios 15:58). Nuestros zapatos nos permiten asumir una postura firme contra nuestro oponente.

El escudo de la fe

El escudo de los soldados romanos estaba compuesto por seis capas de piel animal. Las capas estaban especialmente curtidas y cosidas, haciendo que fueran tan fuertes y duraderas como el metal, pero además livianas. Los escudos eran mojados antes de la batalla para que si el enemigo lanzaba flechas encendidas, estas se apagaran al chocar contra este.

El escudo de la fe igualmente nos protege al repeler las saetas del enemigo. Si el enemigo logra hacernos dudar de Dios, puede hacer que bajemos el escudo y lograr que una de sus saetas genere daños a nuestra alma.

El yelmo de la salvación

El yelmo del soldado romano estaba diseñado para resistir y desviar golpes de espadas, mazos, o hachas; permitiéndole al soldado mantener la máxima visibilidad. El yelmo de la salvación protege su mente. Si usted es sorprendido sin su yelmo espiritual, Satanás tendrá acceso a sus pensamientos, afectando sus acciones y sus emociones, ya que nuestras actitudes y nuestro comportamiento se originan directamente en nuestra mente.

La espada del espíritu

La espada de los soldados romanos era un arma muy efectiva. Era corta, liviana, bien balanceada, aguda, y mortal. Cuando la espada del espíritu, que es la Palabra de Dios, es proclamada en la fe, se convierte en un arma aterradora para el reino de las tinieblas. Hebreos 4:12 dice: "Porque la palabra de Dios es viva y eficaz, y más cortante que toda espada de dos filos; y penetra hasta partir el alma y el espíritu, las coyunturas y los tuétanos, y discierne los pensamientos y las intenciones del corazón".

Seguramente usted notó que todos los componentes de la armadura en nuestro arsenal espiritual son defensivos, excepto este. La espada del Espíritu es su única herramienta ofensiva. Por eso es que es tan importante que conozcamos la Palabra de Dios. Esta hace más que protegernos de los ataques del enemigo. Cambia la situación, pone el enemigo a la carrera, y nos da la victoria.

El poder del acuerdo

Dios nos ha provisto de otra arma para nuestro arsenal. Se llama el poder del acuerdo. En el Evangelio de Mateo, Jesús les dijo a sus discípulos: "Otra vez os digo, que si dos de vosotros se pusieren de acuerdo en la tierra acerca de cualquiera cosa que pidieren, les será hecho por mi Padre que está en los cielos. Porque donde están dos o tres congregados en mi nombre, allí estoy yo en medio de ellos" (Mateo 18:19–20).

Dios realiza cosas maravillosas cuando dos o más personas que creen que Dios responde las oraciones hacen la misma petición en unidad y fe. Dos o más individuos que se unan en la fe, y que oren según el plan y el propósito divino, verán resultados.

A continuación les presento un ejemplo del poder que tiene el acuerdo. Durante los Juegos Olímpicos en Barcelona, España, en 1992, compitió un estadounidense de nombre Derek Redmond en la carrera de cuatrocientos metros. Redmond era el favorito, así que había una gran expectativa en el estadio de que obtuviera la medalla de oro. A mitad de carrera, Redmond se lesionó el tendón de Aquiles y quedó cojeando, lo que le impidió seguir corriendo. En un dolor intenso, rápidamente fue dejado atrás por los demás corredores que fueron pasándole uno a uno.

Después de tantos meses de entrenamiento, Derek estaba destruido, pero no estaba dispuesto a darse por vencido. A pesar del enorme dolor, continuó su recorrido hacia la meta, cada paso más intenso que el otro. Aún recuerdo cómo cambió la atmósfera cuando la multitud vio que su padre, que había estado presenciando todo desde las gradas, saltó la baranda y comenzó a correr junto a su hijo. El padre pasó su brazo sobre el hombro de su hijo, y cruzó la meta junto a él.

Tal es el poder del acuerdo. "Mejores son dos que uno; porque tienen mejor paga de su trabajo. Porque si cayeren, el uno levantará a su compañero; pero, ¡ay del solo! que cuando cayere, no habrá segundo que lo levante. [...] y cordón de tres dobleces no se rompe pronto" (Eclesiastés 4:9–10, 12).

Proverbios 17:17 dice que los hermanos están para los momentos de adversidad. Sus compañeros de oración están para apoyarlo a usted cuando se debilite su fe o su deseo de orar. Si consideramos que nuestras oraciones son como misiles sobre el enemigo, el escritor de Eclesiastés lo que nos está diciendo es que al formar una unidad estaremos potenciando aún más esos misiles.

Si queremos ser fuertes en la oración, no solo debemos ponernos de acuerdo con otros, sino estar de acuerdo con la Palabra de Dios. La Palabra de Dios es la voluntad de Dios. Estar de acuerdo con ella y declarar sus verdades en oración hará que su poder se manifieste en nuestras vidas. Proclamar la palabra de Dios al orar liberará su voluntad para cada situación.

Hay un contraste directo, la antítesis misma de la oración de fe. Así como podemos escoger estar de acuerdo con la Palabra de Dios, también podemos escoger estar de acuerdo con el enemigo. En vez de permanecer en la Palabra de Dios, podemos creerle al diablo cuando nos dice que la persona que amamos jamás se liberará de la adicción a las drogas, no se sanará de su enfermedad, o será incapaz de salir de esa relación abusiva. Si nos mostramos de acuerdo con el diablo, estaremos reconociendo su voluntad sobre la situación y obstaculizando nuestras propias oraciones. Por eso es que debemos hurgar en la Palabra para conocer la voluntad de Dios, y luego orar en contra de todo lo que se levante en contra de los planes y propósitos divinos.

¿Cómo lo logramos? La Biblia dice que tenemos autoridad para atar y desatar (Mateo 16:19). Atar significa restringir, detener, bloquear, o paralizar algo. Desatar significa soltar, desamarrar, desbloquear o liberar. Podemos atar las obras de la oscuridad, que incluyen enfermedades, padecimientos, penas, brujerías, pobreza, muerte, destrucción, confusión, derrota, y desánimo. Y nosotros podemos liberarnos a nosotros mismos y a otros de las obras de las tinieblas. Esto nos permitirá caminar con mayor libertad y prosperidad. Jesús vino a destruir las obras del diablo y a que pudiéramos tener vida en abundancia.

En la historia de Derek Redmond tenemos otra poderosa ilustración. Así como el padre de Derek estaba listo para ayudarlo, igualmente lo está también nuestro amado Padre celestial. Él siempre está junto a nosotros a pesar de que muchas veces no lo sintamos cerca, y Él se goza en ayudarnos.

No se dé por vencido. Ore en todo momento. La Biblia dice que debemos orar sin cesar. Proverbios 24:10 dice: "Si eres débil en el día de angustia, tu fuerza es limitada" (LBLA). Ser débil es carecer de vigor y de fuerza. Es también carecer de claridad. No olvide que Dios es fiel, y que Él tiene todo el poder y la misericordia para facilitar el cambio que usted está buscando. Usted es más que vencedor por medio de aquel que nos amó (Romanos 8:37).

¡Usted ahora forma parte del ejército!

En Estados Unidos tenemos lo que se conoce como servicio militar voluntario. Excepto durante situaciones críticas de guerra en las que la nación instituye el reclutamiento obligatorio, los ciudadanos de este país escogen si desean alistarse o no en las Fuerzas Armadas. Pero en el ejército de Dios no es así. Como cristianos todos tenemos un papel vital en el ejército del Señor. Debemos levantarnos y colocarnos toda la armadura de Dios, pues nuestro oponente diariamente nos merodea, buscando cómo derrotarnos a nosotros, nuestras familias, la iglesia, las ciudades, los condados, y la nación (ver 1 Pedro 5:8).

Por esa razón, no hay lugar en esta batalla espiritual para:

+ **Espectadores:** Son aquellos que observan desde la barrera con un deleite macabro o que dejan que otros peleen.

+ **Generales retirados:** Son aquellos que están siempre lamentándose por la pérdida de aquellos viejos días "en los que nos encerrábamos a orar toda la noche", en vez de pedirle al Señor que le devuelva a su iglesia la pasión por la oración.

+ **Ausentes sin permiso (ASP):** Son los que abandonan sus puestos espirituales y rara vez van a la iglesia.

+ **Desaparecidos en acción (DEA):** Son aquellos que se han descarriado en su corazón.

Esta batalla espiritual puede dejarnos marcados, pero no podemos permitir que el resentimiento se aloje en nosotros cuando alguien nos haga daño. Debemos sobreponernos y continuar con la batalla. Ninguna arma forjada en nuestra contra prosperará (Isaías 54:17). Eso no significa que no debemos estar en guardia. No significa que no sentiremos el calor de la batalla. No significa que habrá momentos en los que queramos claudicar. Significa que las armas del diablo no serán exitosas contra nosotros.

Hemos sido llamados a pararnos en la brecha por aquellos

que están cautivos en las garras de Satanás. Nosotros no tenemos por qué aceptar la derrota. No tenemos que pensar que la situación no va a cambiar. ¡Permanezcamos alerta y en guardia activa para derrotar al reino de Satanás!

Intervención espiritual por aquellos que sufren de adicciones y comportamientos compulsivos

Capítulo 3
ALCOHOLISMO

MI PADRE ERA una persona maravillosa. Papá se la llevaba muy bien con la gente, e iluminaba con su presencia cada lugar al cual llegaba. A papá le encantaba reír, y amaba a su familia. Trabajaba mucho para proveer para mi madre, mis tres hermanas y yo, pero no era fácil.

Él tenía un buen trabajo como carnicero para una planta empacadora de carne en Chicago. En lo que hacía era el mejor y podía responder cualquier pregunta sobre cortes de carne. Papá estaba orgulloso de lo que hacía y disfrutaba su trabajo con sinceridad.

Pero de repente la economía dio una caída inesperada. La compañía se vio obligada a reducir sus gastos, y tuvo que prescindir de un buen número de carniceros, incluyendo a mi padre. Después de que papá perdió su trabajo, la desilusión comenzó a hacer estragos en él. Papá ocasionalmente se tomaba un traguito, pero después de que se quedó sin trabajo comenzó a darse a la bebida. La Biblia dice: "El vino es escarnecedor, la sidra alborotadora, y cualquiera que por ellos yerra no es sabio" (Proverbios 20:1). Esta realidad pudimos experimentarla en nuestra familia.

Papá anduvo de entrevista en entrevista buscando trabajo, y en cada rechazo la desilusión, la frustración, y la preocupación aumentaba, haciendo que tomara cada vez más. El otrora hombre respetable se había convertido en otra persona por culpa de la bebida. A veces se mostraba testarudo y furibundo, y terminaba pagando su rabia con mi madre.

Recuerdo una noche en particular en la que mi papá llegó a casa después de haber pasado la noche tomando. Mi mamá estaba sentada en la orilla de la cama. Sin motivo alguno, papá tomó la larga cabellera negra de mi mamá y la enrolló en su puño. Inmediatamente echó el otro puño hacia atrás como si fuera a golpearla. En verdad que mi mamá era una mujer buena. Esa noche su reacción fue responderle suavemente. La sabiduría de mi mamá desarmó la rabia de mi padre, y pudo terminar conversando con él.

Precisamente lo que aplicamos en nuestro hogar fue la intervención a través de la oración. Durante los momentos volátiles, mi madre oraba. Ella nos enseñó como hijos a orar fervientemente cada día por nuestro padre.

Recuerdo que una vez en la que mi hermanita Tanya había orado fervientemente para que mi papá dejara de tomar, ella se encontró una botella de vodka escondida en la despensa, detrás de unos alimentos enlatados. A pesar de su cortísima edad, en un acto de fe tiró toda la vodka por el desagüe y llenó la botella de agua. Ya se imaginarán lo que sintió mi papá cuando fue a beberla y descubrió que solo era agua. *¡Tanya!*, gritó. Pudo haber sido un momento trágico, pero mi papá contuvo su rabia y la perdonó porque era la bebé de la familia y él era especial con ella.

Todos los días mi mamá ponía su mano sobre la almohada de papá y oraba en silencio: "Padre, en el nombre de Jesús, ¡libéralo!". En una ocasión mi mamá recibió un paño de oraciones que nuestro pastor había ungido. Recordando el versículo que dice que el apóstol Pablo dio paños con los que fueron curadas enfermedades y expulsados espíritus (Hechos 19:12), mamá introdujo el paño de oraciones en la almohada de mi papá sin que este lo supiera.

Un día, durante una de las crisis de borrachera de mi padre, mamá observó en silencio cómo papá abrió la almohada, sacó el paño de oraciones, y lo tiró al piso. En ese momento quedó claro que lo que estaba influyendo en el comportamiento de papá era un demonio. Y es que los demonios pueden percibir las cosas divinas.

Después de varios años intercediendo por mi padre y confiando en Dios para su liberación total, finalmente papá entregó su vida a Jesús. No fue necesario que se inscribiera en un programa de doce pasos, o que estuviera internado en alguna clínica de rehabilitación. Solo el poder de la oración pudo cambiarlo. Más tarde testificó: "No sé cuándo ocurrió, pero Dios me quitó el gusto por el alcohol. ¡Ahora hasta su olor me repugna! Él reconoce las oraciones sinceras de su familia como el motivo de su liberación del alcoholismo. No fue por sus propias fuerzas o poder, sino gracias al Espíritu de Dios que papá fue liberado.

¿Qué es la liberación?

Liberación es estar en concordancia con la imagen de Jesucristo denunciando todas las influencias satánicas en su vida. Es el proceso de expulsión de espíritus de demonios para eliminar todos los obstáculos que impiden su desarrollo espiritual.

Estos espíritus de demonios entran a través de "puertas abiertas". Al pecar, le estamos dando al enemigo el derecho "legal" a afectarnos de una u otra manera. Los pensamientos impuros son puertas de entrada para los demonios. Cuando alguien ha cobijado estos pensamientos durante cierto tiempo, el enemigo siembra el deseo en la persona de hacer realidad esa actividad. Y hacerlo es dejar una puerta abierta que hunde a la persona en una mayor opresión.

Bien sea a través de pecados de omisión o comisión, los espíritus de demonios se abrirán paso apenas tengan la oportunidad. Un buen ejemplo podemos encontrarlo en Mateo 16. Cuando Jesús comenzó a predecir su muerte, Pedro respondió diciendo: "Entonces Pedro, tomándolo aparte, comenzó a reconvenirle, diciendo: Señor, ten compasión de ti; en ninguna manera esto te acontezca" (Mateo 16:22). Pero Jesús sabía que el plan de Dios era salvar a la humanidad del pecado a través de su muerte en la cruz. Así que le dijo a Pedro: "Pero él, volviéndose, dijo a Pedro: ¡Quítate de delante de mí, Satanás!; me eres tropiezo, porque no pones la mira en las cosas de Dios, sino en las de los hombres" (Mateo 16:23).

Esta respuesta puede parecer un poco ruda, pero ilustra cuán sutil y peligroso puede llegar a ser el enemigo. En este pasaje de las Escrituras Pedro ha cedido a la tentación de la carne. Tan solo unos versículos atrás, Pedro había recibido revelación del Espíritu de Dios de que Jesús era el Cristo (Mateo 16:16). Después de que Pedro declaró que Jesús era el Cristo, Jesús lo bendijo y dijo: "Sobre esta roca edificaré mi iglesia; y las puertas del Hades no prevalecerán contra ella" (Mateo 16:18). Sin embargo, en el versículo 22 Pedro permite que Satanás infiltre sus pensamientos y comienza a hablar según la carne.

El diablo está siempre merodeando para tentar a los santos de Dios. Está atrás de nosotros, pero si nos sometemos a Dios y resistimos al diablo, este huirá de nosotros (Santiago 4:7).

El objetivo de la liberación es expulsar del alma y el cuerpo a los espíritus demoníacos intrusos, de manera que Jesús pueda reinar en su lugar. La liberación es una manera de eliminar los obstáculos de nuestro desarrollo espiritual. En 2 Timoteo 2:21 leemos: "Así que, si alguno se limpia de estas cosas, será instrumento para honra, santificado, útil al Señor, y dispuesto para toda buena obra". Como santos de Dios no tenemos por qué temer a la liberación. Esta sirve para limpiarnos de todas las inmundicias de la carne.

La liberación es para todos, pero los pecadores no pueden mantener su liberación. El no creyente debe recibir primero la salvación; de lo contrario, las puertas que permiten el acceso a los espíritus demoníacos permanecerán abiertas y estos regresarán. A los cristianos, por otra parte, se les puede enseñar a mantener su liberación mediante una vida santificada y santa delante de Dios. En 2 Corintios 7:1 se nos dice: "Puesto que tenemos tales promesas, limpiémonos de toda contaminación de carne y de espíritu, perfeccionando la santidad en el temor de Dios".

La liberación es el pan de los hijos (Mateo 15:26); por lo tanto, podemos orar con fe para que Dios libere a cualquiera que esté sufriendo a causa del alcoholismo o de cualquier otra adicción. Servimos a un Dios poderoso que está dispuesto a liberar a los cautivos y tiene el poder para hacerlo. Oremos juntos.

ORACIÓN POR LOS ALCOHÓLICOS

Misericordioso y amoroso Dios, te pedimos hoy que extiendas tu mano compasiva sobre cada individuo que esté luchando contra el alcoholismo. Señor, libera tu poder para destruir la raíz de esta adicción. Te pedimos que estas personas tengan la humildad de reconocer que tienen un problema y que necesitan tu ayuda. Te pedimos que les des fuerzas y valor para luchar por sus vidas y sus familias. Dales la voluntad de buscarte en medio de su crisis, y de saber que tú les has dado poder para vencer.

Señor, te pedimos que reveles el momento en que fue abierta la puerta para su comportamiento adictivo. Por el poder de Dios cerramos cada puerta que haya alimentado la atadura. Hoy en el nombre de Jesucristo, de acuerdo a la palabra de Dios, detenemos el deseo de escapar de los problemas de la vida mediante la bebida. Venimos en contra de toda vergüenza, bochorno, orgullo, y de todo espíritu de temor. En el nombre de Jesús atamos todo remordimiento y negativa a perdonar los errores pasados. Atamos la tiranía del alcoholismo que nubla temporalmente del dolor. Rompemos el poder dominante que el alcohol y las adicciones tienen sobre la mente, la voluntad, y las emociones; y confiamos en que tú, Señor, darás libertad total de la adicción. En el nombre de Jesús, amén.

Capítulo 4
EL SÍNDROME DE ACAPARADOR Y OTROS COMPORTAMIENTOS COMPULSIVOS

En años recientes, el *síndrome de acaparador* se ha popularizado. Se han hecho programas de televisión que han sido grabados a puertas cerradas en los que se muestra cuán grave puede llegar a ser este problema. En algunos hogares, pilas y pilas de basura terminan posesionándose de las vidas de las personas. Yo solía pensar que se trataba de un raro problema del que se aprovechaban los canales de televisión para conseguir índice de audiencia (*rating*), pero me he quedado sorprendida con la cantidad de peticiones de oración que recibimos ahora de personas que conocen a alguien que sufre de este trastorno.

A la mayoría de la gente le cuesta entender cómo alguien puede perder el control de su "colección" de cosas, al punto de que esas cosas terminan ocupando su espacio vital. Estos individuos no solo no pueden parar de acumular cosas, sino que no pueden deshacerse de las que ya tienen. Llegar a la casa de una persona con este problema impresiona. La casa puede lucir normal desde afuera, pero adentro podríamos encontrar pilas y pilas de periódicos viejos, montones de ropa (algunas incluso nueva, con la etiqueta de la tienda puesta), una aglomeración de mascotas con sus respectivas heces sin limpiar, o basura en todas las habitaciones que a veces llega hasta el techo. Para movilizarse dentro de la casa hay que caminar por estrechos pasadizos entre habitaciones que representan el caos absoluto.

Nuestra reacción natural es decir: "¿Cómo puede vivir una persona así? ¿Cómo puede sobrevivir rodeado de montones de libros viejos, cartas, adornos festivos, y artículos "coleccionables" que solo tienen valor para él o para ella?". Todo comportamiento tiene su causa. A veces un acontecimiento traumático puede ocasionar este tipo de actitud. La persona puede caer en depresión, y encontrar alivio acumulando cosas. También puede ser la expresión de años de angustia o de emociones reprimidas.

Pero algo muy curioso ocurre cuando un acaparador es obligado a lidiar con su trastorno. Digamos que se da el caso de que el Departamento de Salud sanciona el lugar por el potencial peligro de insalubridad de vivir en ese estado, o que los miembros de la familia intervienen preocupados por la seguridad de su ser querido ante tanto material combustible a su alrededor. Cuando ocurre alguna clase de intervención externa, generalmente encontramos una fuerte oposición por parte del acaparador.

Esto ocurre porque hay un espíritu de control obrando. En su mente, el acaparador solo está tratando de proteger la inmensa acumulación de cosas, pero en lo espiritual, hay un demonio tratando de mantener el control del individuo en crisis. Los que se acercan a limpiar el lugar son percibidos como amenazas y son recibidos con ira, hostilidad, y un resentimiento evidente. El acaparador tratará personalmente de observar y revisar cada pieza individual que los demás quieren echar a la basura. Seguramente dirá que su privacidad está siendo violada por la supuesta arrogancia de quienes están tratando de desechar o de restarle valor a sus posesiones.

Lo que sería una simple tarea de botar cosas a la basura, se convierte en una guerra sin cuartel. Siempre hay una batalla verbal, un enfrentamiento de voluntades entre el acaparador y la persona encargada de ordenar su hogar. El acumulador puede incluso ponerse a llorar y expresar dolor y frustración por la falta de sensibilidad mostrada por las personas decididas a limpiar su casa. Lo que ocurre es que el proceso de limpieza es debilitador para el acaparador.

Este tipo de problema suele dividir familias. Como no hay espacios abiertos disponibles, la familia no puede sentarse junta en una habitación para tomar la cena como todo el mundo. Muchas veces ni siquiera hay un lugar en la estufa para cocinar. El ambiente suele ser repulsivo, y el acaparador es abandonado en esas condiciones por el simple hecho de que se niega a dejar de vivir así. Como usted podrá imaginar, esto puede dejar al acaparador sintiéndose solo y aislado. Esto se convierte en un caldo de cultivo para que el enemigo haga estragos en la mente de la persona.

Pero el síndrome de acaparador es solo uno de muchos trastornos compulsivos. Una vez conocí a una mujer a la que le gustaba comer tiza. Así como lo escucha, la misma tiza que usábamos cuando éramos niños para escribir en el pizarrón. Eso era lo único que a esta mujer le provocaba comer durante el día. Una cosa es tener una deficiencia de hierro que haga que la persona tenga antojos extraños, como masticar hielo; y otra muy diferente tener una obsesión por la tiza que podría causar una obstrucción intestinal y emergencias quirúrgicas.

Se requiere de mucha paciencia, oración y compasión para ayudar a sanarse a los que sufren del síndrome de acaparador y de otros trastornos. Y es que muchas veces la persona no admite que tiene un problema, lo que tiende a empeorar el asunto. Afortunadamente, Dios tiene una respuesta para el síndrome de acaparador y todos los trastornos compulsivos. La oración puede romper el poder de esta dominación y de liberar a aquellos que sienten que no pueden detener su comportamiento autodestructivo. Jesús declaró: "Si el Hijo os libertare, seréis verdaderamente libres" (Juan 8:36). Oremos con fe para que las cadenas que atan a los que sufren de trastornos compulsivos sean rotas en el nombre de Jesús.

ORACIÓN PARA LOS QUE SUFREN DE COMPORTAMIENTOS COMPULSIVOS

Padre celestial, oramos ahora por aquellos individuos que han experimentado traumas devastadores en sus vidas, y como resultado han desarrollado comportamientos compulsivos. Oramos para que puedan identificar el lugar y el momento en el que comenzó su dolor. Oramos por cada persona que no ha podido superar esta circunstancia. Te pedimos, Señor, que toques sus mentes y sus corazones. Dales a otros el valor de ayudarlos en sus momentos de crisis.

Atamos la tiranía que los controla y los domina, y a todo espíritu opresor que no permite que piensen claramente y tomen simples decisiones. Sometemos a aquellos espíritus de ira y represalia que se opongan a cualquier persona que se acerque a ayudar. En el nombre de Jesús, intervenimos contra el temor a la pérdida y el rechazo, y contra el espíritu de derrota. Atamos todos los bastiones del enemigo en la mente que amplifican la pérdida. Nos dirigimos a esa percepción mental de que a los artículos acumulados se les está quitando su valor. Rompemos las ataduras mentales y emocionales que evitan que las personas se deshagan de esas cosas innecesarias. Atamos esa falsa satisfacción que se siente cuando una persona compra continuamente cosas que jamás usará. Y dominamos el espíritu de pobreza, abandono y de mal manejo de las finanzas.

Reprendemos todo espíritu de rechazo y aislamiento, y el sentimiento que hace que un individuo piense que nadie lo ama. Reprendemos todo espíritu que reemplace el afecto humano por objetos inanimados o por la tenencia de un gran número de animales.

Atamos el espíritu que separa a las familias como consecuencia de esta clase de comportamiento. Señor, te pedimos que toques sus mentes. Rompemos patrones de pensamientos equivocados, percepciones erróneas, confusión, y doble ánimo; y atamos el espíritu de esquizofrenia. Reprendemos el engaño, el letargo y la pereza en el nombre del Señor.

Aplicamos la sangre derramada de Jesucristo sobre la voluntad y dominamos el espíritu de obstinación. Quebrantamos la incapacidad de poner en orden y desechar todos esos artículos inútiles. Derrotamos la fuerza de la pereza que lleva a la pobreza. Atamos todo espíritu atormentador y hostigador asociado con los trastornos compulsivos. Reprendemos todas las emociones reprimidas de rabia, amargura, rebelión y obstinación, en el nombre de Jesús.

Padre, te pedimos que tu Espíritu Santo produzca sabiduría, discernimiento, y buen juicio. Liberamos sabiduría para prevalecer, así como paz mental. En el nombre de Jesús declaramos que todo espíritu obsesivo compulsivo sea destruido desde este día en adelante, según el poder de Dios. Liberamos el espíritu de humildad y de gracia para aceptar la ayuda necesaria para desechar los objetos acumulados, y liberarse del pasado.

Padre, te damos gracias por restaurar el amor y la unidad de las familias que han sido separadas por culpa de este comportamiento. Permite que estas personas escojan crecer en la gracia y en el conocimiento de nuestro Señor y Salvador Jesucristo (2 Pedro 3:18). A ti sea la gloria ahora y siempre. Amén.

Capítulo 5
TRASTORNOS DE LA CONDUCTA ALIMENTARIA

Todos los veranos, mi hermana y yo solíamos visitar a nuestros abuelos en Florence, Alabama. La ciudad es conocida por sus colinas de tierra rojiza, y por su tradición musical. Para mi hermana y para mí, era un lugar maravilloso para pasar las vacaciones.

Jamás olvidaré un día particularmente soleado durante uno de esos veranos. Íbamos camino a la Iglesia Bautista Rock Primitive, de la que mis abuelos eran miembros. Mi abuelo se desempeñó como diácono en esa iglesia durante más de cuarenta años; y mi abuela, que era conocida por los deliciosos platillos sureños que preparaba, sirvió fielmente como miembro de la junta directiva de la iglesia.

Cuando íbamos en el automóvil, vi algo inusual a un lado del camino. Se trataba de una mujer que iba trotando, pero no pude evitar detallarla porque lucía literalmente como un esqueleto. Estaba tan flaca, que los huesos se le marcaban en la piel. Era como ver a un esqueleto cubierto de piel. Su apariencia era lúgubre, y era triste y desagradable verla.

Al acercarnos a ella, me di cuenta de que era una chica joven, de tal vez unos dieciséis años. Iba trotando vigorosamente, como si estuviera en una carrera a campo traviesa. Al momento no supe cómo reaccionar, pero después entendí que esa joven mujer claramente necesitaba intervención espiritual.

Como cristianos, casi siempre oramos por los comportamientos que vemos en las personas, pero no tomamos en cuenta que las acciones provienen de los pensamientos. Y los pensamientos tienen su origen en las creencias. En vez de orar para que alguien deje de estar aguantando hambre, o automutilándose, por citar un par de ejemplos, debemos ir contra los pensamientos demoníacos y las ideas que se han apoderado de la mente de esa persona. La intercesión por la trotadora debía enfocarse en la percepción que ella tenía de sí misma.

La anorexia es la pérdida de apetito y la incapacidad o indisposición a comer. Muchas veces la persona se siente gorda, a pesar de que luce perfectamente bien. Como consecuencia de esta falsa creencia, no come, causándole un grave daño a su cuerpo en el proceso. Y eso es exactamente lo que quiere el enemigo, que ha venido para hurtar, matar y destruir (Juan 10:10). Él usa los patrones irreales que la sociedad nos impone sobre el "cuerpo ideal" para sembrar una semilla que distorsiona y degrada la autoestima de la mujer, la cual entra en un camino de destrucción que acaba con su salud y su bienestar.

La bulimia es un trastorno similar que afecta primeramente a las jóvenes, pero con la diferencia de que la persona come, para luego vomitar en secreto lo que ha comido. Este trastorno puede ser mortal porque termina dañando los órganos del cuerpo.

Hay otras jóvenes que albergan las mismas ideas autodestructivas como anoréxicas y bulímicas, pero que reaccionan de maneras menos extremas. Tal vez abusan del uso de píldoras para adelgazar o de laxantes, o se ejercitan de manera excesiva para lograr lo que según creen es el cuerpo perfecto. Estas jóvenes tal vez no parezcan esqueletos andantes, pero están siendo acosadas por un espíritu despiadado y atormentador.

La otra cara de la moneda es la gente con sobrepeso, la cual se está causando un grave daño a la salud. Se considera que una persona es obesa cuando pesa veinte por ciento o más del peso ideal para su altura. En Estados Unidos, aproximadamente un tercio de los adultos son obesos,[1] y tienen un mayor riesgo de desarrollar diabetes e hipertensión, entre otros padecimientos.

Aunque no todas las personas con sobrepeso sufren de un trastorno alimenticio, cada vez las cinturas de los estadounidenses son más anchas; y esto tiene su origen. En algunos casos se debe a la ingesta regular de alimentos fritos o procesados; o a las grandes cantidades de comida que ingieren, incluyendo meriendas altas en calorías y dulces. También puede ser causado por una vida sedentaria que evita que la persona esté activa.

Tengo una amiga maravillosa cuya lucha contra la obesidad comenzó después de haber sido hospitalizada de niña por un ataque de asma. Los medicamentos que le prescribieron contenían esteroides, y uno de los efectos colaterales fue un rápido aumento de peso. Debido a sus graves problemas de respiración a ella se le imposibilitaba estar activa, así que en cuestión de meses comenzó a aumentar de peso considerablemente. Con el paso del tiempo su batalla contra la obesidad y la inmovilidad casi acaba con su vida.

Aunque la obesidad puede ser causada por diversos factores físicos, también hay factores emocionales. Muchos trastornos de la alimentación pueden tener su origen en acontecimientos traumáticos que llevan a la depresión y el desespero. ¿Cuántas veces ha escuchado usted de personas que se lanzan a la heladería después de un rompimiento sentimental, o que buscan satisfacerse comiendo cuando se sienten ansiosas o tristes?

Lamentablemente, en nuestra sociedad parece haber cierto desprecio, e incluso adversión por aquellos que sufren de obesidad. Esta clase de hostilidad muchas veces hace que las personas obesas se aíslen, lo que los lleva a adoptar otra clase de patrones destructivos.

Afortunadamente, todos estos comportamientos pueden ser detenidos y revertidos por el poder de la oración. Creo que a través de la oración aquellos que han luchado con trastornos de la alimentación pueden experimentar cambios duraderos.

Si somos talla seis, o dieciséis, es necesario que cuidemos nuestro cuerpo. La Biblia dice: "¿O ignoráis que vuestro cuerpo es templo del Espíritu Santo, el cual está en vosotros, el cual tenéis de Dios, y que no sois vuestros? Porque habéis sido comprados por precio; glorificad, pues, a Dios en vuestro cuerpo y en vuestro espíritu, los cuales son de Dios". Es nuestra responsabilidad glorificar a Dios en nuestros cuerpos, así que oremos juntos por aquellos que necesitan intervención espiritual para vencer cualquier clase de hábito alimenticio perjudicial.

ORACIÓN POR LOS QUE SUFREN DE TRASTORNOS DE LA CONDUCTA ALIMENTARIA

Señor, oramos ahora por aquellas personas que sufren de toda clase de trastornos alimenticios, como anorexia, bulimia, y obesidad. Te pedimos que tu gracia se haga extensiva a todos los que están sufriendo. Señor, tu Palabra dice: "He aquí que en las palmas de las manos te tengo esculpida; delante de mí están siempre tus muros" (Isaías 49:16). Tú nos hiciste, Señor, y nos conoces a cada uno por nuestro nombre.

Por aquellos que sufren de anorexia, oramos en contra de todo espíritu que busque distorsionar sus pensamientos. Atamos el temor a ganar peso, y el temor a no ser aceptados por la talla o a ser considerados gordos o gordas. Aplicamos la sangre de Jesús sobre todo pensamiento obsesivo que domine sus mentes. Señor, tu Palabra dice: "El da esfuerzo al cansado, y multiplica las fuerzas al que no tiene ningunas" (Isaías 40:29). Por tal motivo, invocamos tu poder por aquellos que luchan contra estos trastornos, y quebrantamos el poder del enemigo, el cual les presenta constantemente una imagen distorsionada, así como una falsa evaluación de su cuerpo físico.

En cuanto a los que sufren de bulimia, suprimimos el deseo de comer y luego devolver secretamente la comida. Actuamos en contra del uso excesivo de diuréticos y de laxantes para perder peso, o para prevenir la ganancia de peso. Atamos en el nombre de Jesús el rechazo propio, el miedo al rechazo por la gordura, y la necesidad obsesiva de controlar el aumento de peso. Reprendemos en el nombre de Jesús todo espíritu atormentador y acosador que genere ansiedad, angustia, preocupación y temor.

Padre, oramos también con compasión por las personas que sufren de obesidad. Padre, liberamos tu amor y te pedimos que les des la determinación de luchar por su salud y sus vidas. Libéralos de la ingesta emocional de alimentos causada por la depresión, el dolor, la desilusión o los traumas del pasado. Atamos el espíritu que yace en la raíz de su problema de ingesta excesiva y la constante sensación de no sentirse saciados, incluso después de consumir una cantidad de alimentos apropiada. Atamos el espíritu relacionado con hábitos nutricionales incorrectos que se formaron durante la niñez, y que le abrieron la puerta a la obesidad y a los hábitos alimenticios perjudiciales.

Arrancamos la desesperanza y las desilusiones incontroladas en sus vidas. Liberamos en este momento, por el poder de Dios, el espíritu de verdadera liberación de estas opresiones. Padre, declaramos que hoy comienzan un nuevo patrón de salud, fortaleza, y acción en el nombre de Jesús. Te pedimos, Padre, que los ayudes a establecer límites saludables a sus hábitos alimenticios que reviertan tantos años de perjuicios físicos.

Te agradecemos Señor por darles las fuerzas necesarias para cambiar ciclos generacionales de hábitos alimenticios nocivos. Decretamos y declaramos un nuevo deseo por una

*alimentación balanceada y saludable. Pero por sobre todas
las cosas, declaramos vida y paz sobre ellos. Señor, haz que
ellos sepan cuánto los amas. Permite que hagan suyas las palabras de Jeremías 29:11: "Porque yo sé muy bien los planes
que tengo para ustedes—afirma el Señor—, planes de bienestar y no de calamidad, a fin de darles un futuro y una esperanza". Te lo pedimos en el nombre de Jesús, amén.*

Capítulo 6
LAS ADICCIONES A LAS DROGAS

QUERER AYUDAR A una persona que se encuentra en necesidad sin tener la capacidad de hacerlo produce una gran impotencia. Cuando un individuo entra en el camino de la autodestrucción, pareciera que por mucho que le hablemos y razonemos con él o con ella el resultado será nulo. Se trata de un ejercicio inútil.

Uno de los problemas más difíciles que puede enfrentar cualquier familia es el de lidiar con la adicción a las drogas de uno de sus miembros. Diariamente recibimos una enorme cantidad de llamadas, correos electrónicos, y mensajes por Facebook de personas solicitando oración por seres amados con problemas de drogas. Esta clase de adicciones tienen el potencial de destruir completamente la vida de una persona y de todos lo que la aman y la apoyan.

Lamentablemente, ya es común escuchar reportes en las noticias sobre celebridades que pierden la batalla contra "sus demonios" a causa de sobredosis de drogas. Bien sea que los medios seculares se den cuenta de ello o no, tienen razón al afirmar que estos individuos estaban lidiando con espíritus demoníacos. Para los adictos es como si las drogas tuvieran una voz audible que los llamara de día y de noche, obligándolos a hacer lo que sea necesario para obtener su dosis.

Durante estos momentos, absolutamente nada más pareciera importarles. Se trata de la obra de un demonio que estimula la obsesión mental y que oprime fuertemente el alma. Todos los pensamientos del adicto compiten con la necesidad de experimentar la satisfacción temporal que produce una dosis.

Analicemos un poco lo que es la adicción. Con excepción de los casos de sobredosis, las drogas destruyen gradualmente a la persona. Convierte a gente vibrante, saludable y atractiva en verdaderos desechos humanos, en seres humanos perdidos. Es ciertamente triste contemplar la manera en que el abuso de drogas puede transformar la apariencia física de una persona.

El abuso de drogas puede dañar las células del cerebro, haciendo que el habla se torne lenta y enredada. Los adictos pueden perder el cabello y los dientes, así como una cantidad de peso significativa. En el caso de los que se inyectan, su cuerpo puede mostrar moretones en los lugares en donde suelen aplicarse las inyecciones, e incluso hacer que sus venas colapsen.

Muchos de los que aspiran cocaína dañan su tabique nasal, lo que ocasiona que estén todo el tiempo como inhalando, y con un moqueo constante. Pero los efectos no son solo físicos. Los adictos a las drogas pueden también tener episodios de paranoia, alucinaciones, y una prepotencia exagerada, lo que se hace evidente en sus conversaciones.

Es común ver en las películas imágenes de adictos que solo viven para conseguir su próxima dosis. Pierden sus hogares, sus trabajos y su familia, y comienzan a deambular con sus ropas sucias, haciendo casi cualquier cosa para conseguir dinero para comprar más droga. Pero no todos los adictos lucen así. Hay adictos a las drogas funcionales que son capaces de engañar a todos los que los rodean haciéndoles pensar que nada sucede. Sin embargo, no es posible mantener el engaño durante mucho tiempo.

A medida que la opresión es mayor, se hace evidente que el adicto no está realmente en control de la situación. Por mucho que trate de ocultar los síntomas de su adicción, hasta un novato reconocerá que su creciente nerviosismo, ansiedad y temblores son señales de que algo no está bien.

Es increíblemente doloroso observar los cambios graduales en la personalidad, la pérdida del humor, la tristeza y la desconfianza constante que produce la adicción. Pero por muy doloroso que sea contemplar esta progresión, ocurre que solo cuando la persona toca fondo es que comienza a buscar ayuda.

¿Cómo orar por alguien que está inmerso en esta senda de autodestrucción? La adicción puede ser demoledora, pero, hijo de Dios, no estás desamparado, y hay poder a tu disposición. El poder de la oración puede acabar con la esclavitud de la droga, y romper cadenas de todo tipo. Ciertamente todo el mundo quiere hacer su propia voluntad, pero la Biblia dice que el corazón del rey está en las manos de Dios. Eso significa que podemos orar para que el Espíritu Santo toque la mente y el corazón de las personas, y darles el deseo de cambiar.

Como creyentes, estamos sentados con Cristo por encima de todo principado, y de todo poder y obra del adversario. Eso significa que podemos enfrentar valientemente a las fuerzas demoníacas que buscan destruir a aquellos que están oprimidos por la adicción a las drogas. Jesús declaró: "De cierto os digo que todo lo que atéis en la tierra, será atado en el cielo; y todo lo que desatéis en la tierra, será desatado en el cielo" (Mateo 18:18). Estas palabras no están dirigidas a unos pocos, sino para todos los que hemos sido llamados en el nombre del Señor para salvación.

Somos victoriosos por la sangre del Cordero y por la palabra de nuestro testimonio. La Biblia dice: "Y despojando a los principados y a las potestades, los exhibió públicamente, triunfando sobre ellos en la cruz" (Colosenses 2:15). No tenemos que tenerle miedo al enemigo. Jesús triunfó sobre él en la cruz, y gracias a la sangre que derramó podemos declarar su victoria sobre todos los bastiones demoníacos. ¡Aleluya!

Como santos de Dios, estamos sentados con Cristo en

lugares celestiales sobre todos los principados y potestades (Efesios 1:20; 2:6). Esto significa que se nos ha dado autoridad sobre todo espíritu demoníaco. Debemos usar esa autoridad en oración e intercesión ferviente. *La palabra ferviente* se origina de la expresión "hervir intensamente". Si tenemos a un ser humano que está adicto a las drogas no es momento de mostrarnos pasivos en la batalla. Debemos declararle la guerra a estos bastiones del enemigo para obtener la victoria.

ORACIÓN PARA LOS ADICTOS A LAS DROGAS

Padre celestial, te agradecemos por el dominio y la autoridad dada a todo creyente a través de la sangre de Jesús. Padre, te pedimos ahora por las personas adictas. Primero, que los bañes con el amor ágape de Jesucristo. Reprendemos todo espíritu de baja autoestima, de rechazo y de desilusión. Espíritu Santo, te pedimos que los rodees con tu presencia, y les des fuerza para recibir la liberación y comenzar su recuperación.

Sometemos toda clase de abuso de sustancias. Rompemos el poder de toda clase de adicción. Subyugamos los antojos, y el deseo de satisfacción momentánea. Padre, atamos al espíritu del egoísmo, así como a todo espíritu de mentira y de dominio relacionado con el abuso de drogas. Aplicamos la sangre de Jesús a la mente, las células del cerebro, las venas, y cada entrada utilizada y abierta durante el uso de drogas. Nos dirigimos ahora a la voz de la droga que constantemente los llama. Aplicamos la poderosa sangre derramada por Jesús para negarle al enemigo el acceso a las mentes. Reprende al espíritu que los despierta de su sueño con la necesidad de usar drogas. La sangre de Jesús prevalece.

Sujetamos todo espíritu de nerviosismo, ansiedad, temor, desesperación, desesperanza y depresión. Reprendemos todo espíritu que quiera llevar a la persona de vuelta a las drogas.

Cortamos toda relación con los vendedores de droga por obligación o por miedo, así como todas las formas de control.

Neutralizamos al espíritu que le dice al adicto: "Tú simplemente no puedes liberarte". Atamos las mentiras y los engaños del enemigo. Señor, dales poder a través de tu Palabra y libéralos. Venimos contra el espíritu de deshonestidad y negación, y te pedimos humildemente Señor que los ayudes a dejar de huir y rendirse a ti hoy. Señor, te agradecemos por liberar el poder de la victoria al orar en este momento en tu nombre.

Señor, expulsamos todo espíritu relacionado con la cocaína, las metanfetaminas, los barbitúricos, el éxtasis, la heroína, los calmantes, y el abuso de morfina. En el nombre de Jesús, rompemos la adicción a cualquier medicina sin prescripción de las cuales se esté abusando. Le hablamos a la voluntad, a las emociones, y a la idea de que "Dios me ha dado libertad, así que merezco ser libre y estar feliz". Espíritu Santo, te pedimos que limpies su cuerpo y saques de ellos todo residuo de adicción en el nombre de Jesús.

Padre, le hablamos al alma, de manera que esta sea completamente liberada de la esclavitud del enemigo, y que nunca jamás vuelva a ser esclavizada en el glorioso nombre de Jesús. Porque el templo de Dios es santo, el cual somos nosotros (ver 1 Corintios 3:17). Señor, te alabamos y te pedimos que esta liberación no sea parcial, sino completa, y que experimenten libertad total de todas las opresiones mencionadas en esta oración para tu gloria, Señor.

Ahora, en el nombre de Jesús, llena Señor cada vacío, sana cada parte quebrantada, y libera completamente a los cautivos como está prometido en tu Palabra. Estamos seguros de que "el que comenzó en vosotros la buena obra, la perfeccionará hasta el día de Jesucristo" (Filipenses 1:6). En el nombre de Jesús, amén.

Si usted ha sido liberado o liberada de una adicción y desea confirmar la libertad que posee gracias a la sangre de Jesús, le invito a realizar la siguiente oración:

DECLARACIÓN DEL PACTO DE SANGRE

A través de la sangre de Jesús he sido redimido de las manos del diablo. A través de la sangre de Jesús son perdonados todos mis pecados. La sangre de Jesucristo, el Hijo de Dios, me limpia de todo pecado. A través de la sangre de Jesús soy salvo, lo que significa que he recibido justificación, como si jamás hubiera pecado. A través de la sangre de Jesús he recibido santificación y he sido apartado para Dios. Mi cuerpo es templo del Espíritu Santo. Ha sido redimido y limpiado por la sangre de Jesús. Pertenezco al Señor Jesucristo, el Hijo de Dios, en cuerpo, alma y espíritu. Su sangre me protege de toda maldad. Gracias a la sangre de Jesús, Satanás no tiene poder ni potestad sobre mí. Renuncio completamente a él y a sus huestes y los declaro mis enemigos. Jesús dijo: "Estas señales seguirán a los que creen: En mi nombre echarán fuera demonios". Soy un creyente, y en el nombre de Jesucristo ejerzo mi autoridad y expulso a todos los espíritus malignos. Les ordeno que me abandonen ahora, como lo dice la Palabra de Dios.

Vencemos por la sangre del Cordero, y por la palabra de nuestro testimonio declaro que soy un vencedor, porque he sido lavado en la sangre del Señor Jesucristo. ¡Aleluya!

Intervención espiritual por las familias y por las relaciones interpersonales

Capítulo 7
LAS FAMILIAS DISFUNCIONALES

EL ENEMIGO ODIA a la familia, primero porque Dios estableció a la familia antes que a la Iglesia. Segundo, Satanás no tiene ni padre ni madre, ni hermana ni hermano. Es un ángel caído; como un rayo fue rechazado de la presencia de Dios. Su familia consiste de espíritus demoníacos que fueron violentamente expulsados del cielo junto con él.

Usted puede escoger sus amigos y seleccionar el grupo de personas que integran su círculo de amistades íntimas, pero ciertamente no puede escoger su familia. Cada quien nace en medio de un grupo particular. Todos hemos sido colocados estratégicamente en el mundo y no tenemos control sobre la familia a la que pertenecemos.

Es una bendición ser criados en un hogar del que irradia amor y apoyo, en el que los miembros de la familia se respetan y se aman genuinamente. Lamentablemente, no todas las familias son así. Muchas familias son consideradas disfuncionales porque están en un conflicto constante, comportándose todo el tiempo de manera inapropiada, o fuera de las normas sociales.

Todas las familias tienen desacuerdos y diferencias en uno u otro momento o circunstancia, pero para algunos estas situaciones se convierten en conflictos que afectan sus vidas. La vida familiar de estas personas está llena de confusión familiar, faltas de respeto y dolor emocional.

Algunas familias se separan completamente a causa de la pobre comunicación. Otras entran en crisis por sus perennes problemas. En algunos casos existe tensión entre los miembros de la familia porque algunos de ellos intentan tener el control.

Cuando los miembros de la familia fracasan en su intento de trabajar juntos y de comunicar sus necesidades y deseos de una manera respetuosa y saludable, se generan patrones destructivos. La falta de respeto y la descortesía pueden jugar papeles decisivos en los conflictos familiares. Algo tan simple como no respetar el tiempo y espacio del otro puede ocasionar problemas.

Añádale a eso algo que conocemos como maldiciones generacionales. Algunos problemas familiares pueden remontarse hasta varias generaciones en el pasado, y a menos que se rompa el patrón, el mismo comportamiento destructivo seguirá manifestándose vez tras vez.

Existen muchos ejemplos de familias disfuncionales en la Biblia. La familia de José fue una de ellas. Hijo de Jacob y de Raquel, José creció rodeado de sus once hermanos, cada uno con una personalidad diferente, y conocidos por sus comportamientos. Por ejemplo, Rubén, su hermano mayor, es descrito en las Escrituras como "impetuoso como las aguas" (Génesis 49:4).

José era un soñador, y era el niño consentido y mimado de sus padres. La Biblia dice que el padre de José le hizo una túnica especial de muchos colores. Esto creó una situación de tensión que despertó un espíritu de resentimiento que incluso produjo el deseo de matar en los corazones de los hermanos de José. Al principio ellos planificaron eliminarlo, pero a última hora cambiaron de opinión y decidieron más bien venderlo como esclavo. ¡Qué hermanos tan amorosos!

La Biblia enseña que "fuerte es como la muerte el amor; duros como el Seol los celos; sus brasas, brasas de fuego, fuerte llama" (Cantares 8:6). Los celos hacen que las personas estén constantemente comparándose entre sí, afectando los sentimientos de amor y unidad entre los miembros de la familia. Los celos producen una competencia perjudicial. Hacen que basemos nuestro valor en los logros, y que desacreditemos a aquellos que no han obtenido resultados similares.

Los celos son una combinación de incapacidad, resentimiento, y rabia. No soportan ver a un rival; o a nadie, disfrutar del éxito o progresar. Causados por una falta de confianza propia y una autoestima baja, los celos se alimentan de profundos pensamientos negativos y de sentimientos nacidos de la inseguridad, el temor y la ansiedad sobre la pérdida anticipada de algo que la persona valora.

Al igual que en la historia de José, los celos de los miembros de la familia no solo crean tensión dentro del hogar, sino que llevan a que se produzcan acciones lamentables. Pero como dije previamente, usted no puede escoger su familia, y la mayoría de las veces no es posible cortar esas relaciones, ni siquiera en la adultez. Y aunque pudiera hacerlo, podría no ser tan sencillo: José amaba a sus hermanos a pesar de todo el dolor que tuvo que soportar por lo que le hicieron. ¿Cómo podemos entonces amar a los miembros de la familia en medio de un problema de disfunción familiar?

SEPARE A LOS DOS

Mi madre, la Dra. Angie Ray, ayudó a muchos a alcanzar liberación a través de un principio sencillo pero poderoso. Ella nos enseñó a "separar los dos". Es decir, ame al miembro de su familia, pero tenga claro de que la persona está bajo la influencia de un espíritu. Ame a la persona, pero odie el pecado. Si puede separar a la persona de sus acciones, logrará identificar el motivo detrás de su comportamiento. Descubrirá el espíritu que yace escondido detrás de sus acciones.

En cuanto a los integrantes de familias disfuncionales, lo correcto es perdonarlos y buscar identificar el espíritu que está influyendo en su comportamiento. Cuando rechazamos perdonar y nos aferramos a nuestra rabia, lo que estamos haciendo es perjudicándonos a nosotros mismos, creyendo que de esa manera estamos castigando a la otra persona. Al alimentar la amargura y negarnos a perdonar, entristecemos al Espíritu Santo y bloqueamos la intervención de la mano de Dios en nuestra vida. Las Escrituras dicen:

> No contristéis al Espíritu Santo de Dios, con el cual fuisteis sellados para el día de la redención. Quítense de vosotros toda amargura, enojo, ira, gritería y maledicencia, y toda malicia. Antes sed benignos unos con otros, misericordiosos, perdonándoos unos a otros, como Dios también os perdonó a vosotros en Cristo.
>
> —EFESIOS 4:30–32

Eso fue precisamente lo que José decidió hacer. Escogió perdonar a pesar del dolor que produjo la acción de sus hermanos.

> Así diréis a José: Te ruego que perdones ahora la maldad de tus hermanos y su pecado, porque mal te trataron; por tanto, ahora te rogamos que perdones la maldad de los siervos del Dios de tu padre. Y José lloró mientras hablaban. Vinieron también sus hermanos y se postraron delante de él, y dijeron: Henos aquí por siervos tuyos. Y les respondió José: No temáis; ¿acaso estoy yo en lugar de Dios? Vosotros pensasteis mal contra mí, mas Dios lo encaminó a bien, para hacer lo que vemos hoy, para mantener en vida a mucho pueblo.
>
> —GÉNESIS 50:17–20

Como puede ver, José tuvo la sabiduría de discernir lo que estaba ocurriendo a nivel espiritual. Lo que sus hermanos hicieron para hacerle daño, Dios lo usó para bien. Dios usó el dolor y la disfunción para llevar a cabo sus propósitos en la vida de José, y Él hará lo mismo por ti y por mí. Él hace que todas las cosas, incluso las disfunciones familiares, ayuden a bien a aquellos que lo aman y que conforme a su propósito son llamados (Romanos 8:28).

Dios desea que las familias estén arraigadas y cimentadas en el amor (Efesios 3:17). Estar arraigadas en el amor significa estar dispuestas a adoptar y ejemplificar un respeto incondicional. El respeto proviene del amor. Mis padres les enseñaron a mis hermanas y a mí un mensaje sencillo que nos mantuvo arraigadas en el amor y que nos ayudó durante los momentos críticos. Ese mensaje era: "Juntas somos más fuertes, así que permanezcamos unidas".

Juntémonos por lo tanto en oración por nuestras relaciones familiares:

Oración por las familias disfuncionales

Amoroso Padre celestial, venimos a ti en este momento pidiéndote sabiduría para las familias que están sufriendo de disfunción y desunión. Humildemente te pedimos sabiduría para atacar la raíz de este problema recurrente en las interacciones familiares. Te pedimos que nos muestres lo que yace en la raíz de cada argumento repetitivo y del resentimiento familiar, y que ministres sanidad emocional a aquellos que están afectados por tantos años de conductas disfuncionales.

Atacamos todos los ciclos destructivos que producen divisiones, discusiones, y luchas en las familias. Atamos todo espíritu pasivo y todo espíritu agresivo. Atamos el ciclo de violencia doméstica y todo espíritu que esté actuando a través de los seres amados que están afectados, airados y desilusionados. Atamos toda rebelión y comportamiento fuera de control. Aplacamos el poder de todas las percepciones equivocadas, los señalamientos falsos, y las reacciones emocionales que mantienen las heridas pasadas abiertas.

Te pedimos, Padre, que el espíritu del amor, el perdón, y el verdadero apoyo paternal llene cada vacío, en el nombre de Jesús. Atamos los patrones de violencia, intolerancia y de evasión de la realidad para lidiar con el estrés familiar. Sometemos los patrones hereditarios que han pasado de una generación a otra a través de las décadas.

Señor, tu Palabra dice que tu conoces los planes que tienes para nosotros, planes de bienestar y no de calamidad, para darnos un futuro y una esperanza (Jeremías 29:11). Te agradezco por la restauración familiar en este día, en el nombre de Jesucristo, y te pido que esta familia sea arraigada y cimentada en el amor, como dice en Efesios 3:14–21. Te pido que puedan comprender la altura, anchura y profundidad del amor de Cristo, el cual sobrepasa todo conocimiento, para que puedan ser llenados con toda la plenitud de Dios. Te lo pedimos a ti, que puedes hacer muchísimo más de lo que podemos pedir o imaginar, según el poder que obra en nosotros. A ti sea la gloria por toda la eternidad y los mundos sin fin, en el nombre inigualable de Jesús, amén.

Capítulo 8
LAS MUJERES SOLTERAS

A MEDIDA QUE EL porcentaje de mujeres solteras aumenta en el mundo, también aumenta el número de ellas que dicen: "Señor, tú dijiste que concederías los deseos de mi corazón. ¿Por qué sigo soltera?".

En nuestra sociedad actual la soltería es como una nube invisible que denota un fracaso. Es como una especie de plaga. Pareciera que un manto de negatividad cubriera a aquellos que no mantienen una relación. Incluso en la Iglesia se recalca tanto el fortalecimiento de los matrimonios y las familias—lo cual sin duda es muy necesario—, que muchos solteros quedan con la percepción de que hasta que no se casen y tengan su propio hogar no estarán completos. Están como en un limbo, caminando con signos de interrogación sobre sus cabezas.

Como mujer soltera escribo este capítulo con la propiedad de la experiencia. Le digo al Señor: Aunque esté casada o soltera, "te alabaré; porque formidables, maravillosas son tus obras; estoy maravillado, y mi alma lo sabe muy bien" (Salmos 139:14). Sin embargo, entiendo perfectamente cómo se sienten muchas mujeres solteras cuando la gente les pregunta: "¿Y estás casada?", o "¿Y cuándo te casas?". En su defensa, me gustaría mencionar algunas razones del aumento actual del número de solteros.

Primero, muchas personas tienen expectativas poco realistas sobre las relaciones. En nuestra rápida sociedad actual, las mujeres son bombardeadas constantemente con imágenes de perfección en la televisión, las películas y las revistas; e incluso por Facebook, Twitter e Instagram. Debido a esto, para poder atraer a un "hombre adecuado", y que esté disponible, las mujeres son presionadas a ser las más hermosas y activas. Algunas recurren a cirugías plásticas para obtener la figura perfecta, como si estuvieran en alguna clase de competencia para alcanzar el cuerpo perfecto.

Pero un cuerpo perfecto no les conseguirá un hombre perfecto, ni hará que tengan un matrimonio feliz. Dios nos ha dado a todos lo que necesitamos para cumplir su voluntad para nuestras vidas. Eso significa que la persona que Él tiene para usted la encontrará atractiva sin necesidad de recurrir a artificios adicionales. Además, no hay matrimonio que no pase por momentos difíciles. Por eso es que la Biblia nos pide que nos deleitemos en el Señor, y no en nuestro cónyuge. Él es el único que puede satisfacer realmente los deseos de nuestro corazón.

Segundo, ha habido un férreo ataque espiritual sobre los hombres y la hombría. No podemos ignorar la dolorosa realidad de que muchos hombres en edad de casarse no están disponibles por algún motivo. Una cantidad desproporcionada de hombres afroamericanos e hispanos están siendo encarcelados, y un creciente número de hombres están escogiendo estilos de vida alternativos. Algunos hombres son abiertamente homosexuales, mientras que otros son bisexuales y mantienen sus relaciones con el mismo sexo y su confusión sobre su identidad sexual en secreto. Al hacerlo, exponen a sus esposas al descalabro emocional y a enfermedades de transmisión sexual.

Pero no me malinterprete: Yo tengo el mayor respeto, amor y consideración por los hombres. Los hombres han sido hechos a la imagen de Dios. Hay hombres de Dios seguros, bien parecidos y fuertes que desean casarse. Yo simplemente estoy siendo honesta sobre las dificultades que enfrentan muchas mujeres solteras al tener que elegir en un redil cada vez más carente de candidatos que sean temerosos de Dios.

Esto nos lleva a otro grupo que llamaremos los "conquistadores". Estos hombres están en una categoría especial. Ellos están al tanto del déficit de hombres elegibles, y por lo tanto, se consideran una clase de producto. Estos hombres suelen cortejar a diferentes mujeres simultáneamente, sin la mayor preocupación del dolor que puedan causar. Utilizan libremente a las mujeres para su ganancia personal, dejando que estas les compren de todo, desde teléfonos celulares hasta automóviles de lujo.

Han perfeccionado sistemáticamente el arte de la seducción, diciendo exactamente las palabras que las chicas quieren oír. Los conquistadores saben cómo mantener a las mujeres jóvenes esperanzándolas con aquello que ellas más desean: un compromiso. A menudo los conquistadores hacen esperar a las mujeres durante años, usando la esperanza como anzuelo. Les dan la suficiente esperanza como para mantenerlas bajo su control. El problema es que esperanzan a múltiples mujeres simultáneamente, a menudo en diferentes lugares e incluso ciudades.

Para un conquistador el compromiso representa la posible pérdida de varias fuentes de ingreso provenientes de otras mujeres. No desea comprometerse con una mujer porque eso requiere finalizar con otras relaciones lo que por ende le quitaría sus beneficios.

Estos conquistadores operan bajo lo que yo llamo un espíritu de casanova. El objetivo de este espíritu es seducir a mujeres solteras cautivándolas con palabras que ellas anhelan escuchar. El idealismo y el romanticismo pueden nublar el buen juicio de las mujeres solteras. La imagen del vestido de bodas blanco y del que será su nuevo hogar es una constante en la mente de muchas mujeres. El deseo de tener una familia e hijos y la presión del reloj biológico hace que muchas terminen con el hombre equivocado y tolerando comportamientos inaceptables. Es verdaderamente triste ver mujeres soportando maltratos y malgastando un tiempo valioso esperando una propuesta que jamás llegará.

"De tin marín de do pingüé" es el nuevo dilema que se ha presentado debido a la gran cantidad de mujeres atractivas y disponibles. Casanova se siente como un niño en una dulcería, dando vueltas buscando pero incapaz de escoger y de comprometerse. Este espíritu no es solo indeciso, sino retorcido, ya que ata a varias mujeres a la vez, inocentes todas de que él está viendo a otras mujeres simultáneamente.

A mí me sorprende ver la manera en que este espíritu de casanova obra. Se alimenta de la creencia de que una mujer está incompleta si no está casada. Las Escrituras nos dicen que en Él somos completos, estemos casados o no (Colosenses 2:10). Muchas mujeres solteras son hoy profesionales e independientes económicamente. Son talentosas e inteligentes, y aun así sienten que les falta algo. Doy gracias a Dios porque hay cristianas talentosas e inteligentes que tienen respeto propio y altos valores morales. Como lo dice Proverbios 31:25: "Se reviste de fuerza y dignidad, y afronta segura el porvenir" (NVI). Esos son precisamente los atributos que el enemigo quiere robarles a las mujeres solteras. El plan del enemigo es dar la impresión de que el hecho de ser una mujer cristiana salva, pero soltera, es una terrible desventaja. No crea en esa mentira. Personalmente puedo decir que es un gozo extraordinario servir a Dios y alcanzar a la humanidad como soltera. La Biblia dice que ser solteros tiene sus beneficios. Como lo afirma el apóstol Pablo, la mujer soltera se puede ocupar de las cosas del Señor (ver 1 Corintios 7:34). Es verdad que hay un grupo de solteras que encuentran genuina satisfacción en el trabajo del ministerio, pero independientemente de que estemos casadas o solteras, debemos sentirnos conformes (Filipenses 4:11). Las que desean casarse y se preguntan cuándo Dios les dará un esposo, deben saber lo siguiente: Dios las ama, y Él tiene a un hombre de Dios para ustedes que no jugará con sus emociones, y que las honrará, amará y respetará. Estén tranquilas.

Isaías era un verdadero profeta de Dios, y parecía como si hubiera vivido en nuestros días. Profetizó: "Echarán mano de un hombre siete mujeres en aquel tiempo, diciendo: Nosotras comeremos de nuestro pan, y nos vestiremos de nuestras ropas; solamente permítenos llevar tu nombre, quita nuestro oprobio" (Isaías 4:1). Debido al desequilibrio entre la cantidad de solteras cristianas para la cantidad de solteros cristianos, pareciera haber un creciente espíritu de desilusión que produce desesperación, especialmente entre las mujeres que sienten que cuentan con un tiempo limitado para comenzar una familia.

La Biblia dice: "Así son los que van de casa en casa cautivando a mujeres débiles cargadas de pecados, que se dejan llevar de toda clase de pasiones" (2 Timoteo 3:6, NVI). Tal vez usted se pregunta: "¿Qué es una mujer débil?". En el original griego se usa la expresión "mujercillas", que denota mujeres que tienen poco respeto de sí mismas. También se define como "mujeres de voluntad vulnerable". Y una mujer de voluntad vulnerable, según la Biblia, es una mujer ingenua. Ingenua significa simplemente que puede ser engañada o seducida fácilmente. Las mujeres ingenuas tienen la tendencia a creer todo lo que los hombres les dicen sin cuestionarlo. A las mujeres ingenuas se les dificulta resistirse a las palabras cautivadoras de los hombres lujuriosos. Muchas caen presas del espíritu de lujuria por su incapacidad de resistirse.

La tarea del enemigo es tomar a las mujeres solteras de Dios y hacer que sucumban a la presión de involucrarse emocional (y físicamente) con alguien que no es del agrado de Dios para ellas. Fíjense en el proceso: El enemigo produce desánimo por el estado de soltería de la mujer. Producto de la lástima por su condición, esta comienza a salir con alguien que no ama a Dios o que no está comprometido en seguir su Palabra. Ella piensa que Dios no complacerá los deseos de su corazón, así que le entrega su corazón a alguien que no es el que Dios quiere para ella. Incluso puede caer en pecado sexual, el cual no solo es un pecado contra Dios, sino contra su propio cuerpo.

El enemigo es astuto, y usará cualquier argucia para sacarnos del carril. No se desanime. Si usted ha caído en la trampa de las malas relaciones en el pasado, tal vez con un casanova, no deje que la rabia se apodere de su corazón. Recuerde que Dios dispone todas las cosas para el bien de los que lo aman y que son llamados de acuerdo con su propósito (Romanos 8:28). Todas las experiencias que vivimos tienen un propósito. No se trata de usted. Dios permite que usted pase por ciertas pruebas a fin de que pueda ayudar a otros que están pasando por la misma situación. Asimile las lecciones que aprendió durante los períodos difíciles de su vida. Si usted cayó en la trampa del enemigo y se involucró con el hombre equivocado, arrepiéntase, perdone a quien le haya hecho daño, y perdónese usted misma. Luego siga adelante. La Biblia dice que Dios tiene buenos planes para nosotros (Jeremías 29:11). Estas palabras son para usted, aunque haya cometido errores.

Encomiende sus caminos al Señor

Dios nos ha dado en su Palabra muchas promesas que son verdaderas. La Biblia dice: "Deléitate asimismo en Jehová, y Él te concederá las peticiones de tu corazón. Encomienda a Jehová tu camino, y confía en Él; y Él hará" (Salmos 37:4–5).

Como creyentes convertidos debemos poner nuestra fe en Dios, independientemente de las circunstancias que enfrentemos. Todo lo que Dios ha planificado para nosotros desde la fundación del mundo tendrá su cumplimiento oportuno, incluyendo el matrimonio. Así que ¡ánimo! No permita que el enemigo la llene de temor, rechazo o desencanto. Fije su mente en Dios y confíe en su plan para usted. Su palabra es más confiable que cualquier libro sobre cómo conseguir pareja en las listas de los más vendidos.

La Biblia dice: "Porque en él vivimos, y nos movemos, y somos" (Hechos 1728). *¡Confíe en Dios y espere en Él!* "Los que esperan a Jehová tendrán nuevas fuerzas" (Isaías 40:31).

Un último consejo para mis hermanas solteras: Las Escrituras declaran: "El que halla esposa halla el bien, y alcanza la benevolencia de Jehová" (Proverbios 18:22). La mujer es quien toma obviamente la decisión final de casarse o no, pero está sentado el precedente de que es el hombre el que busca esposa, y no al revés. Dios puso a dormir a Adán y creó a la mujer de una de sus costillas. Él sabe muy bien a quién necesita usted en su vida y cuándo llegará esa persona. Mantenga una actitud optimista, muéstrese alegre, y prepárese, porque lo mejor está por venir.

Oración por las mujeres solteras

Señor, llevamos a todas las mujeres solteras al altar de tu presencia. Elevamos una oración especial por las mujeres solteras que te aman. Padre, tú las conoces por su nombre, y te pedimos que las rodees de tu amor ágape.

Intercedemos ahora por las mujeres que necesitan consejo, instrucción y fortaleza. Señor, sabemos que tú hiciste a todas las mujeres para que recibieran amor y afecto genuino. Tu Palabra dice que "la doncella tiene cuidado de las cosas del Señor, para ser santa así en cuerpo como en espíritu" (1 Corintios 7:34). Padre, ayuda a estas hermanas solteras a ocuparse de aquellas cosas que te glorifican, y enséñales a honrarte caminando en santidad tanto física como espiritual.

Te pedimos que les muestres que ellas no han fracasado por su estado de soltería. Oramos contra todo espíritu de rechazo, rechazo propio y temor al rechazo en las vidas de estas mujeres. Atamos el dolor y la desilusión que sienten. En el nombre de Jesús subyugamos todo espíritu causante de sufrimiento físico, angustia emocional y desesperanza. Neutralizamos el poder del dolor intenso causado por años perdidos en relaciones vacías.

En el nombre de Jesús, reprendemos todo espíritu de seducción y deseo, y todo espíritu encantador y atrayente. Liberamos ahora en el alma el espíritu de amor y sanidad.

Atamos todo espíritu de control mental, usurpador, familiar y seductor. En el nombre de Jesús derribamos todos los bastiones de falsas esperanzas de la mente. Reprendemos todo intento demoníaco de presionar a estas mujeres a rebajar sus estándares morales y sus valores cristianos en un esfuerzo por atraer o mantener a una pareja.

Padre, dales la sabiduría y el valor de Ruth y la virtud y la fortaleza de Ester, mientras esperan que se manifieste tu voluntad divina y perfecta. Te agradecemos Señor, porque tu palabra declara que debemos deleitarnos en ti, y que nos concederás el deseo de nuestros corazones (Salmos 37:4).

Te agradecemos Señor, por la plenitud que alcanzamos en ti. Te agradecemos por la felicidad genuina y el gozo abundante. En ti estamos completos, pues tú eres la cabeza de todo principado y potestad (Colosenses 2:10).

Padre, declaramos y decretamos matrimonios santos y honorables que te glorifiquen. Señor, sabemos que tienes un remanente en ti. Padre, bendice a los hombres de propósito y valor. Te pedimos que les hables y que les muestres las esposas

*que deseas que tengan. Aléjalos de las trampas del enemigo
y bendícelos económicamente para que ellos sean una bendición para sus familias, en el nombre de Jesús.*

*Señor, nos comprometemos a enfocar nuestros afectos en
las cosas celestiales, y no en las cosas de esta tierra (Colosenses 3:2). Te pedimos todas estas cosas en el inigualable
nombre de Jesús, amén.*

Capítulo 9
PROTECCIÓN PARA LOS NIÑOS

FUE UN DOMINGO en la mañana. Jamás lo olvidaré. Nuestro ministerio estaba llevando a cabo sus servicios de fin de semana en un viejo teatro al sur de la ciudad de Chicago. Nuestros servicios tenían algo especial: estaban caracterizados por las liberaciones, la unción, y la alegría. Recuerdo los sonidos que llenaban el santuario: la riqueza del órgano Hammond B3, la profundidad del bajo, el ritmo de la batería, y el sonido de los platillos.

Ese día particular, mientras me preparaba para irme después de un momento de adoración extraordinario, se me acercó una niña de cuatro años sonriente y con una gran disposición. Me dijo: "Hermana Kim, estoy orando por usted". No es fácil describir con palabras la satisfacción que sentí en ese momento. ¡Aquellas palabras brotaban de un corazón puro! Me sentí conmovida por el hecho de que esta pequeña estuviera orando por mí. La pureza de su amor e inocencia movió mi corazón, y de alguna manera tuve la certeza de que Dios contestaría su oración.

La inocencia de los niños es muy especial para Dios. A lo largo de las Escrituras, Dios usa a niños de maneras poderosas. Dios escogió a Samuel para que fuera su profeta cuando apenas era un niño, y el Señor bendijo a David para que atendiera las ovejas de su padre siendo un niño. Dios escogió a Josías para que se convirtiera en rey con apenas ocho años, y reinó durante treinta y un años.

Tenía que incluir un capítulo en este libro dedicado a los niños porque, lamentablemente, los tiempos han cambiado drásticamente para ellos. Hubo un tiempo en el que los niños podían crecer seguros. Ahora hay que alertarlos desde pequeños sobre los depredadores sexuales. Yo le pido a Dios que les dé a los padres mucho discernimiento sobre las personas que permiten que estén alrededor de sus hijos, y que tomen acciones oportunas cuando algo tenga que ser enfrentado.

Es fácil que los padres sientan temor por sus hijos y por los miembros de sus familias con todas las cosas terribles que vemos en las noticias. Pero el Señor nos ha dado una promesa en su Palabra: "Porque has puesto a Jehová, que es mi esperanza, al Altísimo por tu habitación, no te sobrevendrá mal, ni plaga tocará tu morada. Pues a sus ángeles mandará acerca de ti, que te guarden en todos tus caminos" (Salmos 91:9–11). En este pasaje el Señor nos promete protección, no solo para nosotros, sino para nuestra morada, que es nuestro hogar.

El Salmo 112:7 nos dice que si nuestros corazones confían en el Señor, no tendremos temor de malas noticias. Si nuestros corazones permanecen firmes, confiados en las promesas divinas, no viviremos en un temor constante de que algo les ocurrirá a nuestros hijos. La Biblia dice: "Guardarás en completa paz a aquel cuyo pensamiento en ti persevera; porque en ti ha confiado" (Isaías 26:3).

Dios es omnipresente. Esto significa que está en todas partes en todo momento. Dios puede estar donde los padres no pueden estar para resguardar y proteger a sus hijos de peligros, perjuicios, y ataques. Dios no quiere que vivamos con miedo, sino que confiemos fielmente en Él para la protección de nuestros hijos y familias.

Oración por los niños

Amado Señor, te alabamos por tus niños. Padre, te agradecemos por tu poderosa mano protectora. Te pedimos humildemente que permitas que tu maravillosa presencia cubra a cada pequeño. Envía tus ángeles para protegerlos diariamente. Enséñales tus caminos, y ayúdalos a tener un espíritu de obediencia a sus padres y maestros. Te pedimos que crezcan en gracia y en conocimiento con bondad y amor. Cúbrelos y protégelos de los depredadores sexuales. Señor, dales un ojo vigilante y la capacidad de comprender cuando algo no esté bien. Te pedimos que reveles cada plan del enemigo urdido contra ellos.

En el nombre de Jesús intervenimos contra toda masacre en masa, violencia de pandillas y asesinatos. Guía a tus niños en la dirección opuesta a donde haya peligro inminente. Intervenimos contra el espíritu del abuso. Atamos todo temor que haga que la víctima mantenga silencio cuando ocurren malos tratos. Señor, concédeles a tus niños la capacidad de informar a los adultos cuando están siendo amenazados, abusados o amedrentados. Subyugamos todo plan perverso para decidir su sexualidad. Te pedimos, Padre, que en el nombre de Jesús expongas todo plan para seducirlos o abusar de ellos sexualmente.

Te pido, Señor, que des a los padres mucha sabiduría, juicio, y discernimiento. Enseña a los padres a criar a sus hijos en el temor al Señor, y a cultivar sus dones y talentos para la honra de Dios. Te agradezco, Señor, por darles a los niños un excelente espíritu en cuanto a su educación. Haz que sobresalgan en sus objetivos y proyectos, y que alcancen el futuro que tú deseas para ellos.

Libero gozo, alegría y risas para el disfrute de los niños. Demuéstrales, Padre, que tú los creaste, y que los amas.

Oramos como tú nos enseñaste a hacerlo: "Padre nuestro que estás en los cielos, santificado sea tu nombre. Venga tu reino. Hágase tu voluntad, como en el cielo, así también en la tierra. El pan nuestro de cada día, dánoslo hoy.

Y perdónanos nuestras deudas, como también nosotros perdonamos a nuestros deudores. Y no nos metas en tentación, mas líbranos del mal; porque tuyo es el reino, y el poder, y la gloria, por todos los siglos. Amén". Sabemos que tu Palabra dice que si perdonamos a otros sus ofensas, tú también nos perdonarás a nosotros. Pero si no perdonamos a otros, tú no nos perdonarás (Mateo 6:9–15). Encárgate de todos aquellos que nos han perjudicado. Te glorificamos, y confiamos en que has escuchado nuestra oración y la responderás. En el nombre de Jesús, amén.

ORACIÓN ESPECIAL POR LOS HIJOS DE LOS PASTORES

Querido Padre celestial, escucha nuestro clamor; atiende nuestra oración (Salmos 61:1–3) al elevar a los hijos de los pastores y ministros. Señor, estos chicos muchas veces son poco entendidos, y se espera que sean completamente perfectos ante los ojos de la congregación. Padre, te pido humildemente que los liberes del dolor causado por las expectativas poco realistas, por los miembros de su familia, por la iglesia.

Intervenimos por toda herida y desilusión producto de la percepción de que ellos no siempre fueron la prioridad. Sometemos toda rabia reprimida, resentimiento, o dolor que exista por el tiempo que sus padres pasaron en la iglesia, hospitales, reuniones, funerales y lejos de la familia. Derribamos paredes de resentimiento y negligencia.

Atamos cualquier herida causada por los miembros de la iglesia, o por palabras perniciosas, así como el dolor producido por actitudes y acciones insensibles y crueles. Derramamos la sangre de Cristo sobre las almas de estos niños y pedimos que los cures y los liberes completamente.

Sometemos el poder de la rebelión que busca establecer su propia identidad entre los hijos de los ministros, y que hace que hagan lo opuesto a lo que sus padres les han enseñado. Señor, reprendemos todo espíritu de resistencia y rebelión que los lleve a descarriarse en un esfuerzo por ser tomados en cuenta y oídos como individuos, y establecer su personalidad e identidad propias. Te pedimos, Señor, que no los dejes caer en tentación y que los libres del mal.

Padre, dales a los hijos de pastores corazones de amor, perdón y entendimiento. Permite que cada prueba dolorosa se convierta en un testimonio poderoso. En el bendito nombre de Jesús proclamamos vida, amén.

Oración especial por las familias de militares

Padre, oramos hoy por las familias de los miembros de las Fuerzas Armadas. Señor, tu Palabra dice que los pasos de los hombres son ordenados por ti. Te pedimos que estés al frente de las familias de estos militares, y que los bendigas mientras ejercen su servicio. Te pedimos la gracia necesaria para cumplir cada reto con optimismo, y que mientras estén de servicio crezcan personalmente y sean generadores de cambios. Señor, solicitamos tus provisiones en todos los aspectos: escuelas apropiadas para los niños, trabajos para los que buscan empleo y plenitud para los que buscan dirección.

Señor, te pedimos por los veteranos y los soldados que han servido fielmente a su país, y que sufrieron heridas durante su servicio. Padre, te pedimos que sanes el trastorno por estrés postraumático. Toca el área de su mente en la que se originan los recuerdos e imágenes de dolor que los atormentan durante sus sueños. Intercedemos por todos los traumas, y los intentos de evadir la realidad. Pedimos que les des paz mental, recuperación y restauración.

Señor, te pedimos fuerzas de más para aquellos que están sirviendo o sirvieron en las Fuerzas Armadas. Bendícelos con casas adecuadas para sus familias. Bendice a sus hijos con becas y dinero para asistir a la universidad, y que sean exitosos en las carreras de su elección.

Te pedimos también protección por los hombres y mujeres que sirven en otras partes del mundo. Protégelos de los peligros. Envía ángeles a proteger a sus familias en sus hogares. Te pedimos todas estas cosas en el nombre todopoderoso de tu Hijo amado Jesús, amén.

Capítulo 10
RESTABLECIMIENTO DESPUÉS DEL DIVORCIO

El divorcio ha llegado a ser comparado hasta con la muerte. El divorcio trae le pérdida de ciertas esperanzas, sueños y promesas; y enfrentar estas pérdidas no es nada fácil. Los que han vivido un divorcio a menudo describen un dolor y una tristeza enormes. Algunos me han contado que sienten como si sus corazones se estuvieran literalmente despedazando, mientras que otros expresan una inmensa rabia e indisposición a perdonar.

La indisposición a perdonar es una emoción peligrosa que puede causar amargura, y consecuentemente hostilidad y un deseo de venganza contra la persona que supuestamente nos hirió. Aunque la amargura puede tener su origen en el dolor causado por las malas acciones de otros, esta produce malos frutos que pueden causarnos mucho daño. Por eso es que Hebreos 12:15 nos exhorta a no permitir que la amargura brote y nos cause problemas. Alimentar la amargura después del divorcio puede perjudicar las relaciones de la persona con sus hijos, sus padres, sus exsuegros, e incluso con sus relaciones futuras.

Para los que han atravesado un divorcio, la vergüenza pende sobre ellos como una nube. Se preocupan por lo que los otros piensan de ellos, y pueden terminar atormentados por el remordimiento. Yo he orado con muchas personas que no pueden perdonarse a sí mismas después del divorcio. Se preguntan una y otra vez: "¿Qué debí haber hecho de otra manera? ¿En qué me equivoqué?". Tratan de encontrarle una explicación lógica al fracaso de su matrimonio.

Debemos darnos cuenta de que el diablo está buscando

maneras de oprimirnos. Al sumirse en la pena y la condenación propia, la persona puede sin darse cuenta caer presa de un espíritu de rechazo que puede llegar a ser muy perjudicial. Los que son oprimidos por el rechazo pueden comenzar a sentirse indignos o sentir que ya no le importan a nadie. Pueden sentir que no sirven para nada o que son un fracaso. Este estado mental lo que hace es hundirlos más en la opresión.

Existen muchas causas para un divorcio. La infidelidad física o emocional es una causa común, pero en nuestro ministerio cada día recibimos más personas lidiando con abuso psicológico y crueldad mental. Esto es ahora tan común, que estoy dedicando un capítulo completo de este libro a este asunto. El trauma emocional resultante del abuso sicológico erosiona la autoestima y termina quebrantando el espíritu. Deja a las víctimas con una necesidad imperiosa de restablecimiento tanto del dolor del divorcio como de las cicatrices emocionales producidas por el abuso.

El dolor no es menor cuando el motivo de la finalización del matrimonio es la infidelidad o el abuso, especialmente cuando hay niños de por medio. El divorcio afecta a todos los que se preocupan por las partes en conflicto. Los amigos cercanos y los familiares pueden sentirse destrozados, como si tuvieran que elegir entre una parte y la otra. Esto puede producir sentimientos de culpa que el enemigo puede usar para aumentar la condena sobre aquellos que ya de por sí se sienten culpables.

El divorcio entristece el corazón de Dios porque Él creó el matrimonio como un modelo de su pacto con nosotros, que somos su novia. Sin embargo, Él nos dio libre albedrío, y no quiere ver a sus hijos sufrir a causa de situaciones abusivas. Independientemente de lo que hayamos vivido, Él no nos abandonará. El Señor siempre es fiel. Él vino a restablecer a los que están abatidos, y a liberar a los oprimidos.

Si usted está enfrentando un divorcio o pasó por esa experiencia, el Espíritu Santo puede encontrase con usted donde esté y ministrar su poder sanador donde lo necesite. La siguiente oración fue escrita para todos los que buscan restauración después del divorcio. Yo estoy intercediendo por la liberación y la paz, pero la persona que ha pasado por el divorcio debe estar dispuesta a abandonar su indisposición a perdonar y su amargura si desea recibir la liberación en Cristo. Por tal motivo, parte de la oración está escrita de manera que el divorciado declare su situación, incluyendo una oración por el perdón.

La voluntad de Dios para nosotros es que entremos en su descanso, lo que puede resultar difícil para personas cuyas finanzas, emociones y familias se han visto afectadas por el divorcio. Es por eso que he incluido también una declaración de paz al final de este capítulo. Quienes han experimentado un divorcio u otro trauma emocional pueden declarar esta verdad y esperar que Dios les conceda su paz y descanso.

ORACIÓN POR EL RESTABLECIMIENTO
DESPUÉS DEL DIVORCIO

Padre, tu Palabra declara que al orar debemos perdonar si tenemos algo contra otros para que nuestro Padre en el cielo nos perdone (Marcos 11:25). Te pedimos ahora que [nombre de la persona] decida voluntariamente perdonar todas las ofensas, decepciones, y heridas que hayan resultado de su matrimonio fallido (ver la oración por el perdón más adelante). Dale poder a esta persona para escoger el consejo bíblico: "Quítense de vosotros toda amargura, enojo, ira, gritería y maledicencia, y toda malicia. Antes sed benignos unos con otros, misericordiosos, perdonándoos unos a otros, como Dios también os perdonó a vosotros en Cristo" (Efesios 4:31–32).

Te pedimos que él o ella renuncie a toda hostilidad hacia cualquier persona que haya estado involucrada directa o indirectamente en la disolución del matrimonio. En el nombre de Jesús, permite que pueda perdonar a todos sus parientes políticos.

Padre, sabemos que tú odias el divorcio, pero nos has dado a todos libre albedrío. Te pedimos Señor sabiduría para aceptar lo que tú has permitido, y que sanes el dolor emocional, el sufrimiento y la desilusión. En el nombre de Jesús dale estabilidad emocional y fuerzas a esta persona para que siga adelante con esperanza.

Reprendemos todo espíritu de ira y de venganza. Atamos todo espíritu atormentador o acosador que trate de lograr su acceso. También a todo espíritu que haya entrado durante este período y que esté manteniendo una puerta abierta a los ataques del enemigo. Subyugamos todo espíritu que haya entrado debido al abuso emocional, la angustia sicológica, o la crueldad mental. Liberamos paz donde ha habido solo confusión, así como el aceite del gozo donde había lágrimas y sufrimiento. Señor, te agradecemos por darnos el valor de aceptar cosas que no podemos cambiar, y la sabiduría para saber la diferencia. Aplicamos la sangre de Jesús en cada área afectada de su cuerpo y su mente debido al divorcio. Padre, te pedimos que derrames tu unción y que produzca una restauración milagrosa y bienestar emocional.

Reprendemos todos los espíritus remanentes de depresión, y todo intento de opresión satánica. Reprendemos todos los espíritus de abatimiento, dolor y tristeza en el glorioso nombre de Jesús. Dale sabiduría a tu hijo/hija para comunicarse cordial y bondadosamente. Te damos gracias por sanar también a sus hijos, familiares y a todos los que han sido afectados por el divorcio.

Gracias, Señor, por no permitir más de lo que podemos soportar. Estamos confiados de que restaurarás esta preciada alma, y que traerás nuevamente alegría a su vida. Gracias por darle fuerzas y la determinación de vivir un día a la vez. Declaramos y decretamos que hoy comienza una nueva etapa. [Nombre de la persona] vivirá nuevamente y será feliz. Su vida no ha terminado.

Padre, enséñale cómo caminar en total libertad. Confiamos en tu Palabra, la cual dice: "Os daré corazón nuevo, y pondré espíritu nuevo dentro de vosotros; y quitaré de vuestra carne el corazón de piedra, y os daré un corazón de carne" (Ezequiel 36:26). Te pedimos esto en el nombre santo de Jesús, amén.

ORACIÓN POR EL PERDÓN

Señor, tengo algo que confesarte: A veces siento resentimiento contra algunas personas que me han hecho daño y me han decepcionado. No he tenido la disposición de perdonarlas, y por eso te pido que me ayudes a hacerlo. En este momento perdono a [nombre los individuos, estén vivos o muertos], y te pido que tú también los perdones y los bendigas en el nombre de Jesucristo, amén.

UNA DECLARACIÓN DE PAZ

Señor, te encomiendo todas mis preocupaciones, para que tú te encargues de ellas. Yo sé que tú me amas, y yo también te amo. Tú dijiste: "Venid a mí todos los que estáis trabajados y cargados, y yo os haré descansar" (Mateo 11:28). Señor Jesús, vengo a ti. Te traigo mi pasado, mi presente y mi futuro. Te traigo [nombre a la persona, el problema o la cosa] y todas las demás situaciones o circunstancias que me preocupan.

Señor Jesús, te traigo todas estas preocupaciones y cargas, y las dejo en tus manos.

Señor, tú has dicho en tu palabra que hay un descanso para el pueblo de Dios. Toma mi mano y guíame hacia ese descanso. Te agradezco por tu amor y por tu paz que sobrepasa todo entendimiento. Declaro estas palabras en el poder y la autoridad del Espíritu Santo, y en el nombre de Jesús ato y expulso todo espíritu de duda e incredulidad. Tú eres mi paz, y permaneceré en tu paz porque mantendré mi pensamiento en ti (Isaías 26:3). Declaro ahora que tu paz gobernará mi corazón y esta situación, en el nombre de Jesús, amén.

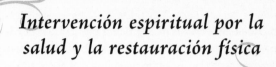

Intervención espiritual por la salud y la restauración física

Capítulo 11
LAS ENFERMEDADES FÍSICAS

Una de las experiencias más difíciles que alguien puede vivir es recibir una llamada del consultorio del médico para una noticia negativa. Aunque pareciera que el mundo se nos viene abajo, es en momentos así que tenemos que tomar una decisión crítica. La Biblia nos aconseja: "Por nada estéis afanosos, sino sean conocidas vuestras peticiones delante de Dios en toda oración y ruego, con acción de gracias. Y la paz de Dios, que sobrepasa todo entendimiento, guardará vuestros corazones y vuestros pensamientos en Cristo Jesús" (Filipenses 4:6–7). Al enfrentar una mala noticia repentina, debemos detenernos y tomar una decisión. Debemos decidir entre caer víctimas del miedo y la ansiedad, y tomar el control de nuestros pensamientos.

El enemigo intentará magnificar lo negativo. Si el doctor dice que hay una masa, el enemigo le dirá que es un tumor maligno. Si el doctor dice que hay una sombra en su pulmón, el enemigo le dirá que es cáncer. Si usted se lo permite, el enemigo lo pondrá a planificar su funeral.

Por eso es que usted debe dominar su imaginación y declarar la Palabra de Dios sobre la situación. Debe derribar toda altivez que se levante contra el conocimiento de Dios, y llevar cautivo todo pensamiento contrario a su Palabra (2 Corintios 10:4–5).

Efesios 6 nos aconseja: "Vestíos de toda la armadura de Dios, para que podáis estar firmes contra las asechanzas del diablo. Porque no tenemos lucha contra sangre y carne, sino contra principados, contra potestades, contra los gobernadores de las tinieblas de este siglo, contra huestes espirituales de maldad en las regiones celestes" (vv. 11, 12). Debemos saber reconocer el espíritu de temor cuando este llegue a tratar de sembrar dudas en nuestra mente, y combatirlo levantando el escudo de la fe, a fin de apagar todos los dardos de fuego del maligno (Efesios 6:16). Si confiamos en que Dios es Jehová Rafa, nuestro sanador, Él actuará a nuestro favor.

Dios tiene varios métodos para traer restauración física. A veces puede hacerlo mediante las manos de un médico o cirujano. En otros casos, la sanidad física ocurre mediante la imposición de manos y el poder de la oración intercesora. Yo estoy convencida de que aún ocurren milagros y de que Dios responde a la fe de su pueblo (Mateo 9:29).

La Biblia es clara en cuanto a la restauración física:

> Amado, yo deseo que tú seas prosperado en todas las cosas, y que tengas salud, así como prospera tu alma.
>
> —3 Juan 1:2

> Si oyeres atentamente la voz de Jehová tu Dios, e hicieres lo recto delante de sus ojos, y dieres oído a sus mandamientos, y guardares todos sus estatutos, ninguna enfermedad de las que envié a los egipcios te enviaré a ti; porque yo soy Jehová tu sanador.
>
> —Éxodo 15:26

> Mas yo haré venir sanidad para ti, y sanaré tus heridas, dice Jehová; porque desechada te llamaron, diciendo: Esta es Sión, de la que nadie se acuerda.
>
> —Jeremías 30:17

> Pero para ustedes que temen mi nombre, se levantará el sol de justicia trayendo en sus rayos salud. Y ustedes saldrán saltando como becerros recién alimentados.
>
> —Malaquías 4:2, nvi

Te alabaré; porque formidables, maravillosas son tus obras; estoy maravillado, y mi alma lo sabe muy bien.

—Salmos 139:14

Estas promesas no estaban dirigidas solo a ciertas personas en los tiempos del Antiguo Testamento. Dios no ha cambiado, así que la restauración prometida es para usted y para mí *hoy*. Jesucristo sufrió un castigo terrible y murió en la cruz para que nosotros pudiéramos ser curados. La Biblia dice: "Mas él herido fue por nuestras rebeliones, molido por nuestros pecados; el castigo de nuestra paz fue sobre él, y por su llaga fuimos nosotros curados" (Isaías 53:5). La curación es el pan de sus hijos.

Habrá momentos en nuestra batalla de fe en los que seremos probados, y es en esos momentos en los que la Palabra de Dios debe cobrar vida en nuestro espíritu. Proclamar la Palabra de Dios durante los tiempos de prueba fortalecerá su fe y avivará su espíritu. La Palabra de Dios nos enseña a caminar por fe y no por vista. Hebreos 10:38 nos recuerda que "el justo vivirá por la fe" (ver también Habacuc 2:4).

"La muerte y la vida están en poder de la lengua, y el que la ama comerá de sus frutos" (Proverbios 18:21). A través de la sangre de Jesús se nos ha conferido autoridad. Use la poderosa sangre de Jesús como un ungüento, aplicándola diariamente al área afectada por la enfermedad.

Sea específico al pedirle a Dios en oración por su curación. Háblele al área donde siente malestar o dolor, y declare proféticamente salud y plenitud sobre su cuerpo en el nombre del Señor. Continúe decretando y declarando que por la llaga de Cristo usted ha sido curado. No tenga temor de ser claro al orar. Cuando el rey Ezequías enfermó de muerte, oró diciendo: "Te ruego, oh Jehová, te ruego que hagas memoria de que he andado delante de ti en verdad y con íntegro corazón, y que he hecho las cosas que te agradan" (2 Reyes 20:1–3).

El profeta Isaías le llevó la respuesta de Dios: "He oído tu oración, y he visto tus lágrimas; he aquí que yo te sano […]. Y añadiré a tus días quince años" (2 Reyes 20:5–6).

Crea que Dios quiere curarle, y permanezca firme en la Palabra de Dios. El Señor responderá a su debido momento y a su manera. Servimos a un Dios que aún restaura. No permita que el informe médico le convenza de lo contrario. Escoja la fe, antes que el temor.

Oración por la salud física

Señor, tú Palabra dice: "¿Está alguno entre vosotros afligido? Haga oración. ¿Está alguno alegre? Cante alabanzas. ¿Está alguno enfermo entre vosotros? Llame a los ancianos de la iglesia, y oren por él, ungiéndole con aceite en el nombre del Señor. Y la oración de fe salvará al enfermo, y el Señor lo levantará; y si hubiere cometido pecados, le serán perdonados" (Santiago 5:13–15). Señor, tú nos has pedido que nos confesemos nuestras faltas, y que oremos los unos por los otros para que seamos sanados, porque "la oración eficaz del justo puede mucho" (Santiago 5:16).

Por eso, aplicamos la preciosa sangre derramada por Jesús desde la cabeza hasta la planta de los pies. Oramos por los sistemas corporales afectados por la enfermedad. Te pedimos que el cuerpo se ajuste a la Palabra de Dios, que dice que por su llaga fuimos nosotros curados. Te damos gracias porque esa llaga está disponible con solo pedirla.

Igualmente te pedimos en el Espíritu en relación a los sistemas respiratorio, circulatorio y nervioso. Les ordenamos que se ajusten a tu voluntad y que funcionen adecuadamente. Lo mismo con relación a los problemas del corazón y cardiovasculares; del tracto digestivo, el esófago y el estómago; incluyendo problemas intestinales relacionados al sistema digestivo. Te pedimos por el sistema óseo, incluyendo los cartílagos, tendones y ligamentos. Elevamos a ti el sistema endocrino, y cualquier problema glandular u hormonal. Te pedimos que todo funcione como tú lo diseñaste.

En el nombre del Señor te pedimos que la presión arterial esté en su nivel óptimo. Te pedimos que cures la diabetes, el cáncer y las enfermedades del corazón, en el nombre del Señor. Aplicamos la sangre de Jesús a la mente, el cerebro, la corteza cerebral, el cerebelo y cada función que controle el cuerpo.

Padre, tu Palabra declara que tú no colocarás sobre nosotros más de lo que podamos soportar. Así que hoy te agradecemos por curar en el nombre de Jesús todo lugar en el que hay malestar o dolor. Alcanzaremos plenitud de acuerdo a la Palabra y el poder de Dios. Decimos como Jesús dijo: "Levántate, y sé sanado en el nombre de Jesús de Nazaret" (ver Juan 5:8). En el nombre de Jesús liberamos milagros de sanidad en este momento. Liberamos fe para creer que la curación es inminente a pesar de los síntomas. Y así lo es en el nombre de Jesús, amén.

Capítulo 12
CANSADOS DE CUIDAR A OTROS

La autopista Dan Ryan es una vía increíblemente útil de Chicago que lleva a distintas áreas de la ciudad. Como es una vía principal, suele estar atestada de tráfico, especialmente entre las siete y nueve de la mañana. Cuando en la *Ciudad de los Vientos* ocurre una de sus infames tormentas de nieve, los embotellamientos pueden durar horas mientras la nieve es retirada.

Cuando hay mal tiempo, es común ver unas grandes grúas amarillas de emergencia que sirven para remolcar vehículos que pueden estar interrumpiendo la circulación. Estas inmensas grúas son conducidas por un grupo llamado los "Minute Men". Estos individuos, tanto hombres como mujeres, están entrenados para conducir en medio de las inclemencias del tiempo y ayudar a otros conductores cuyos vehículos se han quedado accidentados a un lado de la vía.

Una vez vi a una de estas inmensas grúas siendo remolcada por otro camión. Recuerdo haber pensado en lo raro que es ver a un vehículo de emergencia necesitando ayuda. Cuanto más pensaba en ello, más me parecía una metáfora de las personas que brindan cuidados a otros. Las personas que se dedican a cuidar a otras personas tienen la tendencia a dar y dar al punto de agotarse. Igual que la grúa que estaba siendo remolcada, independientemente de cuán leales, diligentes, o fieles sean, llega un momento en el que deben parar y descansar de los años de servicio y ayuda prestados.

Sea cuál sea el vehículo que usted conduzca, necesitará cambios de aceite, rotación de los neumáticos, y, por supuesto, una lavada ocasional. Sin el cuidado debido, el vehículo no funcionará adecuadamente y podría terminar dañándose completamente. Lo mismo ocurre con aquellos que prestan cuidado a otros. Ellos también necesitan atención para poder funcionar adecuadamente. Necesitan tiempo para descansar y recuperarse del estrés y la presión que produce tener que cuidar a otros. Si no apartan tiempo para eso, podrían terminar agotados.

He querido dedicar un tiempo para este asunto porque recibo muchas cartas de personas que me expresan sentirse en el límite. Son personas que cuidan de ancianos, niños especiales, o de un ser querido, pero que están exhaustos debido a los requerimientos físicos y emocionales de su trabajo.

El tiempo y la paciencia que se necesita para cuidar a otros es increíble. Algunos de estos prestadores de servicio parecieran tener un don especial, porque se entregan al cuidado de otros con un amor y una bondad únicos. Yo estoy convencida de que Dios tiene bendiciones especiales para estas personas que se entregan de una manera tan desinteresada a ayudar a otros. Hebreos 6:10 dice: "Pues Dios no es injusto. No olvidará con cuánto esfuerzo han trabajado para él y cómo han demostrado su amor por él sirviendo a otros creyentes como todavía lo hacen" (NTV). Estoy convencida de que Dios recompensará a los cuidadores por su diligencia y paciencia.

Yo conozco a una mujer que personifica el servicio compasivo. Su hija se enfermó cuando estaba en sus treinta años. Gradualmente fue perdiendo la movilidad de sus brazos y piernas, hasta que la parálisis tomó todo su cuerpo. Esta maravillosa mujer tomó la determinación de hacer que la vida de su hija fuera cómoda y feliz. Cada mañana se levantaba temprano para preparar desayuno para su esposo y su hija. Sin una sola queja, bañaba a su hija, le secaba el pelo y se lo peinaba. Se hizo responsable de todas las necesidades de su hija, no porque debiera hacerlo, sino porque la amaba. Con el paso de los años, a medida que la salud de su hija declinaba, jamás escuché una queja de esta mujer.

Cada vez que la visitaba, me sorprendía su capacidad de mantener limpia su casa, a pesar de todo lo que tenía a cuestas. Siempre me inspiraba el amor y la paz que sentía en su hogar. Ella siempre tenía algún delicioso postre horneado que compartir con un refresco frío. No había duda de que tenía el don de servir a otros.

Cuando mi madre se enfermó y enfrentó sus últimos días, Tanya, mi hermana menor, la cuidó de manera incansable. Tanya tenía un gran discernimiento en relación a mi madre. Ella sabía lo que ella necesitaba, incluso cuando mamá no podía comunicarlo. Tanya era una experta, y ayudaba eficientemente a mi madre en todo, como si fuera una enfermera profesional. Aunque mi otra hermana y yo ofrecíamos ayudar, Tanya estaba tan dedicada al cuidado de nuestra madre que era poco lo que podíamos hacer.

Incluso durante los momentos difíciles, Tanya se las arreglaba para hacer que mamá riera, al punto de que a veces parecía que se olvidaba momentáneamente del dolor. Mi hermana trabajaba mucho y nunca se quejaba. Nuestra madre era una maravillosa mujer de Dios, y sé que Tanya será recompensada en vida por ministrarle durante su período de necesidad.

Doy gracias a Dios por poner personas a nuestro alrededor que se ocupen de manera tan abnegada de las necesidades de otros. Pero como mencioné, aun la persona más abnegada debe descansar para poder recuperarse. Aunque lo necesiten urgentemente, una de las cosas más difíciles para las personas que prestan cuidados es tomarse tiempo para ellos mismos. Una de las razones es que estas personas son tan necesarias, que cuentan con pocas oportunidades de apartar tiempo para sí. Por otra parte, a veces los cuidadores se presionan a sí mismos porque se sienten culpables por querer tomarse un tiempo para ellos, o porque no confían en que alguien más hará su trabajo tan bien como ellos. La gente no es como el conejito de la publicidad de las pilas *Energizer*, que duran y duran. La gente se agota, y cuando esto ocurre, ¿quién estará allí para cuidar de estas valiosas personas?

El agotamiento está marcado por el cansancio físico y emocional. La persona puede sentirse débil y desmotivada, o estar más propensa a pescar resfríos ya que el estrés afecta el sistema inmune. La persona también puede volverse irritable y comenzar a tener roces con los demás. No es agradable entrar a una habitación y que hasta el perro salga corriendo hacia otro lugar de la casa. Si esto ocurre es una señal de que necesitamos un descanso, una visita a un restaurante, un masaje, e incluso un par de días lejos de la persona que cuidamos.

Este capítulo es como un llamado de atención a esos "vehículos de emergencia". Sentí que debía incluirlo en el libro porque el Espíritu Santo quiere que los cuidadores entiendan que ellos también son importantes para Dios. Aunque las personas que ellos cuidan tienen necesidades serias y significativas, Dios no los puso en las vidas de esas personas para que los cuidaran a ellos pero aceleraran su propia muerte. Dios quiere que los cuidadores también se cuiden para que puedan tener la fortaleza necesaria para continuar derramando su amor sobre otros. Si usted es un cuidador o conoce alguno que esté en el límite, por favor acompáñeme en esta oración.

Oración por las personas que prestan cuidados

Señor, tu Palabra dice que "por la misericordia de Jehová no hemos sido consumidos, porque nunca decayeron sus misericordias. Nuevas son cada mañana; grande es tu fidelidad"

(Lamentaciones 3:22–23). Por eso Señor, venimos hoy a ti con gozo para pedirte por aquellos que cuidan de otras personas de diversas maneras. Te pedimos que los bendigas abundantemente. Que tu amor y misericordia descansen sobre ellos.

Te pedimos Padre que los libres de toda ira, agitación y frustración. Te agradecemos Señor por su enorme capacidad de servir y de mostrar tu amor.

Reprendemos el espíritu de culpa que busca arrebatarles su felicidad personal. Te pedimos por todos los que están experimentando estrés y cansancio mental. Permite que tu paz inunde sus corazones y sus mentes.

Liberamos espíritu de ánimo sobre cada prestador de servicio fiel, desde aquellos que cuidan a algún miembro de su familia, hasta las enfermeras y asistentes médicos que trabajan en los hospitales y ancianatos. Bendícelos ahora, y muéstrales que su trabajo no es en vano. Cúbrelos con la preciosa sangre de Jesucristo y permite que tu Espíritu Santo aleje toda enfermedad o padecimiento físico que impida que puedan servir.

Te damos gracias por las personas que están bajo su cuidado. Bendícelas. Sana al enfermo y restáuralo. Toca a los que sufren de enfermedades debilitantes. Señor, tu Palabra declara que "la muerte y la vida están en poder de la lengua, y el que la ama comerá de sus frutos" (Proverbios 18:21). Proclamamos entonces vida sobre las personas bajo el cuidado de estos servidores. Obra un milagro en sus cuerpos, sus mentes y su alma.

Pedimos fortaleza física por los que se esfuerzan para ayudar a otros. Dales sabiduría Señor y conocimientos sobre cómo trabajar correctamente para evitar accidentes.

Te pedimos también que les permitas tener momentos de descanso y restauración. Abre una puerta que les permita

*a aquellos que están agotados por su labor disfrutar de un
tiempo de esparcimiento y descanso.*

*Estamos muy agradecidos por tu gracia y misericordia.
Permite que los cuidadores sientan tu amor, y toca a aquellos
que necesitan un milagro. Dios nuestro, eres soberano y santo,
y nuestra confianza está puesta en ti. Damos estas cosas por
hechas, en el nombre de Jesús, amén.*

Capítulo 13
ABUSO SICOLÓGICO Y CRUELDAD MENTAL

Para mí es un gran honor poder orar por todos los que necesiten intervención espiritual. Sentarme al lado de alguien en necesidad y que se me confíe la oración por esa persona es una verdadera bendición. En nuestro ministerio tenemos contacto con mucha gente con diversas dificultades, pero un problema que vemos muy a menudo es el de personas que quieren liberarse de relaciones abusivas.

Hubo un tiempo en nuestro ministerio en el que la mayoría de las personas que buscaban oración por situaciones de abuso, enfrentaban abuso físico. Recuerdo una ocasión en la que oré con una mujer que llevó puestas unas gafas oscuras durante todo el servicio de adoración para esconder su ojo morado. Otras veces pasaron al frente a la oración mujeres maquilladas para tapar los moretones causados por los golpes.

Sin embargo, con el paso del tiempo las peticiones de oración por abuso han cambiado. En vez de abuso físico, cada vez encontramos más personas buscando oración por abuso sicológico o crueldad mental. Este tipo de abuso consiste en obligar a la víctima a comportarse de una manera que puede ocasionar traumas sicológicos que incluyen ansiedad, depresión y trastorno por estrés postraumático.

Hay tres tipos de abuso sicológico que me gustaría abordar en este capítulo: la agresión verbal, el comportamiento dominante y controlador, y los celos. La agresión verbal ocurre cuando alguien utiliza palabras hirientes y ofensivas para humillar o molestar a otra persona. Un individuo muestra un comportamiento dominante y controlador cuando evita de manera intencional que otra persona tenga una relación normal con su familia y amigos, llevando a la víctima a una especie de aislamiento. El tercer tipo de abuso, los celos, se caracteriza por acusar de manera airada y violenta a la otra parte de estar manteniendo relaciones inapropiadas.

Estos tres tipos de abuso emocional pueden ir reduciendo de manera sistemática a la otra persona. Terminan aplastando su espíritu, bien sea que el abuso sea intencional o no. Lamentablemente, las cicatrices dejadas por el abuso no siempre son fáciles de percibir. El abuso sicológico destruye la autoestima y la valoración propia. Como la mente, el cuerpo y el espíritu están conectados, el abuso emocional puede manifestarse físicamente en forma de enfermedad o de trastornos mentales.

Cuando converso con víctimas de abuso emocional, trato de ayudarlos a entender por qué ocurre este tipo de trato. Muchas veces los que abusan emocionalmente dan afecto a cuentagotas, mezclando un poco de cariño con su comportamiento abusivo. Algunas víctimas aguantan el abuso solo por esos pequeños momentos de amor y afecto, creyendo que es mejor soportar la hostilidad que estar en soledad.

A los que contemplan la relación desde afuera a menudo se les hace difícil entender por qué a la víctima del abuso se le hace tan difícil irse. Ocurre que muchas veces se forma una especie de "lazo con el captor". Se trata de un fenómeno sicológico en el que la víctima crea un vínculo afectivo con la persona que abusa de ella. Este fuerte lazo emocional puede desarrollarse incluso en casos en los que la persona es acosada, amenazada e intimidada. Cuanto más tiempo esté cautiva la víctima, más empatía terminará teniendo hacia su captor, incluso al punto de defenderlo.

Este lazo con el captor y su anhelo de recibir amor podría explicar por qué la víctima no se va. Pero analicemos un poco lo que motiva al abusador. Muchos abusadores son narcisistas; es decir, su personalidad está caracterizada por el egocentrismo, el egoísmo, y la vanidad. Los narcisistas tienen una fascinación enfermiza con ellos mismos, y ocupan todo su tiempo en buscar cómo satisfacer sus aspiraciones personales, sus necesidades y deseos. Algunos narcisistas son carismáticos y encantadores, pero su ego y amor por sí mismos hace que se vuelvan fríos, manipuladores y malhumorados cuando no obtienen lo que quieren.

Como podrá imaginar, los abusadores son manipuladores. Se comportan deliberadamente de cierta manera para lograr un efecto sicológico. Su comportamiento puede lucir errático e impredecible para que la víctima se sienta frustrada e inestable. Pueden mostrarse fríos y en cuestión de un minuto cariñosos, y cambiar de un estado a otro continuamente para causar confusión. Pueden enviar señales mezcladas y jugar con las emociones, todo para tratar de controlar o de provocar una reacción particular en su víctima. Luego de soportar toda esta manipulación, muchas veces la víctima termina respondiendo como el abusador quiere que responda. Es en ese momento que el abusador señala a la víctima y la acusa por su "loca" reacción.

Liberarse de esta clase de situaciones no es fácil. En este tipo de situaciones de abuso y control suelen crear un vínculo perverso entre las partes. Únicamente entre personas que son extremadamente cercanas es que se desarrollan vínculos. La Biblia dice que "el alma de Jonatán quedó ligada con la de David, y lo amó Jonatán como a sí mismo" (1 Samuel 18:1). Y en Génesis 2:24: "Por tanto, dejará el hombre a su padre y a su madre, y se unirá a su mujer, y serán una sola carne".

Dios quiere que tengamos relaciones que lo glorifiquen, pero este tipo de relaciones perjudiciales pueden producir vínculos perversos. La práctica del sexo fuera del matrimonio o la idealización de una persona pueden crear vínculos muy dañinos que esclavizan el alma. Si la persona desea experimentar una libertad duradera de su situación, debe romper completamente el vínculo en el nombre de Jesús.

Para romper el vínculo debe arrepentirse de cualquier pecado cometido con el abusador y recibir el perdón divino. Luego debe renunciar a cualquier voto o pacto que haya hecho con el individuo, y liberarse de todo vínculo perverso que haya formado con este. También necesitará perdonarlo por todo el daño que le ocasionó.

Romper el vínculo perjudicial ayudará a retirar la venda que la persona tiene puesta y que le impide ver claramente la verdad sobre la relación. Luego, invitará al Espíritu Santo a que le dé libertad y plenitud.

Oración por las víctimas de abuso sicológico

Padre santo, tú eres Dios. Te damos gracias por revelar tu conocimiento y por tu verdad. Señor, te pedimos hoy que extiendas tu mano misericordiosa sobre cada víctima de abuso sicológico. Te pedimos en el nombre de Jesús que envíes ángeles con espadas de fuego remojadas en la sangre purificadora de Jesús para derribar todo bastión demoníaco de control, dominación y falso afecto. Atamos todo trauma producto de la manipulación utilizada para desestabilizar la mente y devastar el alma.

Rompemos el poder de las manipulaciones calculadas utilizadas para confundir y desafiar el intelecto. En este momento destruimos en el nombre de Jesús el poder de la intimidación, la dominación y la manipulación. Te pedimos que expongas cada puerta que el enemigo ha usado para crear vínculos perjudiciales. Padre, reprendemos todo espíritu de esclavitud que produce una falsa empatía y compasión hacia el abusador.

En el nombre de Jesús, rompemos todo vínculo perverso y perjudicial que se haya formado a través de un espíritu de seducción, lujuria y promiscuidad sexual. Quebrantamos los poderes del rechazo, el rechazo propio y la baja autoestima alimentados por este mal vínculo. Te pedimos que liberes la mente y los patrones del pensamiento.

Padre, decretamos y declaramos liberación del daño de las palabras, los insultos, y los términos abusivos que han sido proferidos y que han hecho que la víctima se sienta inútil y sin valor. Te pedimos que liberes y sanes completamente a aquellos que han sido víctimas de abuso físico. Restaura sus nervios dañados y las áreas afectadas por el estrés, y pon punto final a su temor y su ansiedad.

Intervenimos en oración para prevenir más daños, y declaramos que el abuso termina hoy. Señor, tu Palabra dice que en el nombre de Jesucristo se nos ha dado autoridad y dominio sobre toda actividad demoníaca. Liberamos entonces el poder de Jesucristo para liberar al abatido y oprimido. Atamos todo espíritu que produce incapacidad, pues tu Palabra dice que tú nos llevas siempre en triunfo en Cristo Jesús (2 Corintios 2:14). Declaramos la victoria hoy. En el nombre glorioso de Jesús. Amén.

Capítulo 14
OTRAS RELACIONES ABUSIVAS

En el capítulo anterior oramos por las víctimas de abuso sicológico y crueldad mental. En este capítulo explicaré cómo orar por aquellos que sufren bajo otra clase de relaciones abusivas.

Para poder orar de manera efectiva por alguien que está siendo víctima de una relación abusiva, se hace necesario saber de qué manera comenzó el abuso. El abuso es un proceso gradual. Generalmente, la relación comienza con grandes dosis de amor y afecto, palabras dulces, tarjetas, y cartas de amor. Esto puede resultar sumamente atractivo, especialmente si la víctima no ha recibido mucha atención por parte del sexo opuesto. Todos estos detalles la harán sentir especial.

A medida que ambos comparten, la amistad se profundiza y comienza a desarrollarse un vínculo. Durante este período el abusador está obteniendo información sobre la vida de la víctima, quien le da detalles de manera inocente. El abusador utilizará toda esa información más adelante para tratar de controlar a la otra persona, pues sabrá cuáles son sus fortalezas y debilidades, sus esperanzas y temores, sus éxitos y fracasos.

Con el paso del tiempo comenzarán a surgir señales de alerta, pero la víctima las ignorará por la felicidad que le produce tener una relación. Cree sinceramente que se han enamorado, y decide cegarse ante el comportamiento controlador y las señales de abuso. Cuando la víctima se da cuenta de lo que ocurre, o sus amigos o familiares se lo señalan, trata de buscar excusas. Su buen juicio está nublado, y en consecuencia no puede ver claramente lo que está sucediendo.

Para los que están alrededor la situación es frustrante. Es triste ver a un ser querido caer en esa trampa, y tratar de ayudarlo y a cambio recibir un reproche. Es importante que usted no se sienta ofendido por su actitud o que un espíritu de rechazo lo domine. Ellos reaccionan así por el temor a perder la relación o porque les da miedo confrontar al abusador.

Con el paso del tiempo, los rasgos posesivos del controlador se hacen más evidentes. El controlador se empeña en seguirle los pasos a la víctima, preguntándole constantemente cosas como: "¿Para dónde vas? ¿Con quién vas? ¿A qué hora regresarás?", o "¿Por qué no me has llamado?".

Otra característica de los controladores es que necesitan saber constantemente el estado mental o las intenciones de la víctima. También es palpable un grado de confusión en la víctima porque se le hace creer que él o ella es decepcionante ante los ojos del controlador. Esto puede generar un patrón de miedo y ansiedad al sentir la víctima la necesidad de tener que complacer continuamente a la otra persona.

Este patrón de control puede desencadenar en abuso mental o físico. Podemos encontrar casos como estos tanto afuera como adentro de la iglesia. La violencia doméstica quebranta el espíritu y hace que la persona viva con un temor perpetuo. Aterrorizar, acosar y forzar a un individuo a realizar una determinada actividad es un delito, pero las víctimas de abuso raras veces saben cómo liberarse de esas situaciones.

Es extremadamente importante que oremos de manera efectiva por quienes están en esta clase de situaciones. Primero, debemos atar al espíritu de baja autoestima y poca valoración propia que hace que la persona esté dispuesta a soportar crueldad, palabras abusivas y violencia física.

Si la persona ha sufrido algún tipo de rechazo en su vida, liberarse de una relación abusiva es incluso más difícil porque esta tiene la tendencia a aferrarse a cualquiera que la acepte. El controlador está al tanto de esta debilidad, y se aprovecha de ella. A menudo el abusador castiga a su víctima apartándose de ella o aplicándole el "castigo silencioso", que es como cuando alguien se niega a hablar con otra persona después de haber tenido una discusión o desacuerdo. De esta forma mantiene a la víctima bajo su dominio. Cuando logramos entender el comportamiento del abusador, nuestra oración es más eficaz.

Si ha habido intercambio sexual, el vínculo que se ha creado entre los individuos debe ser cortado como se indicó en el capítulo anterior. Durante la oración es indispensable romper el fuerte lazo que se ha desarrollado a través del sexo, especialmente si el controlador ha hecho uso del castigo silencioso como herramienta de presión.

Es también necesario pedirle a Dios en la oración que libere el alma (la mente, la voluntad, y las emociones) del poder de este espíritu controlador y abusivo. Debemos pedirle a Dios que rearme el alma fragmentada de la víctima. También tenemos que atar los espíritus de control mental que acosan y atormentan a la víctima.

Es posible que durante la oración la víctima se sienta deprimida, desolada y desesperanzada pues piensa que nadie podrá llenar el vacío que dejará el abusador. Esta es una gran mentira del enemigo que debe ser enfrentada junto a los demás bastiones demoníacos que obran en esta clase de situaciones.

Si usted conoce a alguien que esté en una relación abusiva y que necesite intervención espiritual, lo invito a que me acompañe en la siguiente oración. Como dije en este capítulo, en la unión hay poder. Uno puede poner a correr a mil demonios, pero dos pueden poder a correr a diez mil. Oremos entonces.

ORACIÓN POR LAS PERSONAS VÍCTIMAS
DE RELACIONES ABUSIVAS

Padre, intercedemos en el nombre de Jesús por aquellos que están atrapados en relaciones abusivas. Liberamos bálsamo de Galaad para sanar el alma fragmentada por el abuso. Te pedimos Señor que envíes ángeles a batallar en favor de las víctimas. Gracias Señor por derrotar el poder del miedo y el tormento, y a todos los malos espíritus.

Reprendemos todo espíritu que haga ver como algo tolerable el ser golpeado repetidamente. Padre, te pedimos que des valor a tus hijos para salir de ese camino perjudicial. Señor, restaura el alma de [nombre de la persona] y concédele plenitud y libertad. En el nombre de Jesús reprendemos el miedo que insta a la persona a regresar al abusador bajo la falsa expectativa de que este cambiará. Libera tu dunamis o poder para destruir, cortar, y desarraigar todo bastión de baja autoestima. Atamos ahora todo espíritu controlador, angustioso y de crítica.

Padre, dale la fuerza necesaria para romper el ciclo de degradación de sus pensamientos y opiniones. Dale voz y valor para denunciar el comportamiento abusivo y solicitar ayuda y liberación. Aplicamos la sangre de Jesús en cada área del corazón que ha sido arruinada por el abuso, y liberamos un espíritu de esperanza. Te pedimos sabiduría para permitir que Dios guíe sus pasos hacia un lugar de paz y seguridad.

Señor, tú viniste a vendar las heridas, sanar a los abatidos, y liberar a los oprimidos. Te doy gracias Señor por tu completa paz y libertad que sobrepasa todo entendimiento. En el nombre de tu Hijo amado Jesús te lo pedimos, amén.

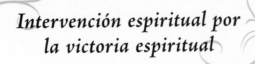

Intervención espiritual por la victoria espiritual

Capítulo 15
LA ESCLAVITUD SEXUAL

U<small>N</small> DÍA EL Señor me habló y me dijo que uno de los grandes problemas que está enfrentando el pueblo de Dios es que la puerta de la imaginación ha permanecido abierta en sus mentes. Dios dedica una gran parte de su Palabra a advertirnos sobre las cosas que dejamos que vean nuestros ojos. Esto se debe a que nuestros ojos son las ventanas de nuestra alma. Podemos entablar una conexión directa con las cosas que observamos a través de ellos.

La Biblia dice: "La lámpara del cuerpo es el ojo; así que, si tu ojo es bueno, todo tu cuerpo estará lleno de luz; pero si tu ojo es maligno, todo tu cuerpo estará en tinieblas. Así que, si la luz que en ti hay es tinieblas, ¿cuántas no serán las mismas tinieblas?" (Mateo 6:22–23).

Cada día decidimos qué permitimos entrar en nuestra mente. Algunos están decididos a vivir una vida santa y grata ante el Señor, esforzándose en guardar sus mandamientos y estatutos. Hay otros, sin embargo, que viven para satisfacer sus instintos carnales, y que solo buscan su propio placer. Pueden llamarse cristianos, pero siguen un camino sensual y buscan satisfacer los deseos de la carne más que la voluntad de Dios.

El alma está compuesta por la mente, la voluntad y las emociones. La Biblia dice que "los que son de la carne piensan en las cosas de la carne; pero los que son del Espíritu, en las cosas del Espíritu. Porque el ocuparse de la carne es muerte, pero el ocuparse del Espíritu es vida y paz" (Romanos 8:5–6). Fíjese que el versículo dice que los que son de la carne "piensan en las cosas de la carne". Aquello en lo que pensamos puede llevarnos a la muerte, o a la vida y la paz.

¡Nuestra mayor batalla está en la mente! La mente es un lugar único que almacena información y la procesa como una computadora. Esta es una de las razones por las que es tan importante filtrar las cosas que usted ve y escucha. Estimular constantemente el instinto carnal a través de imágenes indebidas le abrirá la puerta a la actividad demoníaca y a las tentaciones.

Muchos cristianos tienden a ser carnales. Ser carnal significa dejarse guiar por apetitos sensuales corrompidos y mundanos. Hay muchos cristianos cuya carne es más fuerte que su espíritu.

Estos cristianos generalmente llevan una vida de concesiones. Esto significa que apoyan secretamente diversas mundanalidades, y se ajustan a las normas del mundo. Después de permitir esta clase de concesiones durante un tiempo, el amor por el mundo termina dominando el espíritu y superando al amor por Dios.

En 2 Corintios 10:4–5 se nos dice: "Porque las armas de nuestra milicia no son carnales, sino poderosas en Dios para la destrucción de fortalezas, derribando argumentos y toda altivez que se levanta contra el conocimiento de Dios, y llevando cautivo todo pensamiento a la obediencia a Cristo". ¡El Señor quiere que nos levantemos y ejercitemos nuestra autoridad sobre la carne! Examinemos con más detalle lo que 2 Corintios 10:5 nos dice en cuanto a disciplinar nuestros pensamientos y ganar la batalla sobre la mente.

Derribando argumentos. *Derribar argumentos* significa echar abajo violentamente las imágenes que se han formado en la mente y aquellas cosas que no están inmediatamente presentes en los sentidos, como las imágenes vanas que el mundo usa para captar nuestra atención.

Y toda altivez que se levanta contra el conocimiento de Dios. Debemos *echar a un lado* nuestro propio razonamiento.

Dios es omnisciente, lo que quiere decir que Él todo lo sabe. Cuando tratamos de avizorar las cosas que van a ocurrir, estamos arruinando la confianza que debemos tener en Dios, de manera que su perfecta voluntad para nuestras vidas se cumpla.

Llevando cautivo todo pensamiento. *Llevar cautivo todo pensamiento* es dominar todos los razonamientos y opiniones carnales.

A la obediencia a Cristo. Estar bajo *la obediencia de Cristo* es someterse totalmente a la Palabra de Dios y los mandamientos de Cristo.

Nosotros podemos derribar cualquier fortaleza aplicando la poderosa sangre de Jesús a nuestra mente y pensamientos. Podemos derrotar la obra del enemigo en nuestros pensamientos (Mateo 18:18) y vencer las obras de la carne sujetando la carne al Espíritu. Colosenses 3:5 nos aconseja: "Haced morir, pues, lo terrenal en vosotros". Esto significa crucificar la carne.

¿Por qué debemos crucificar la carne? La Biblia es clara: "Porque si vivís conforme a la carne, moriréis; mas si por el Espíritu hacéis morir las obras de la carne, viviréis" (Romanos 8:13). El apóstol Pablo escribió también: "Así que, hermanos, os ruego por las misericordias de Dios, que presentéis vuestros cuerpos en sacrificio vivo, santo, agradable a Dios, que es vuestro culto racional. No os conforméis a este siglo, sino transformaos por medio de la renovación de vuestro entendimiento, para que comprobéis cuál sea la buena voluntad de Dios, agradable y perfecta" (Romanos 12:1–2).

Esta clase de sacrificio no es fácil, y puede requerir tiempo en ayuno y oración. El ayuno humilla el alma, y hace que la carne se sujete al espíritu. Al ayunar negamos la carne y alimentamos el espíritu. El sacrificio de la carne fortalece el Espíritu de Cristo en nosotros, profundiza nuestra relación con el Señor, y fortalece nuestra vida de oración.

Aquello que usted alimente será lo que crecerá. Si alimenta su espíritu con oración y estudio bíblico, este prosperará. Pero si usted pasa más tiempo alimentando la carne y la naturaleza pecaminosa carnal, la carne dominará.

Muchos han caído en la dominación sexual porque alimentan su carnalidad con imágenes pornográficas. El espíritu de lujuria usa la pornografía para crear un intenso apetito sexual en la persona. Luego el espíritu de lujuria crea una incontrolable necesidad de satisfacer esos deseos lascivos. Por eso es que la pornografía es adictiva. Después de ver un poco, la persona siente el deseo de ver más hasta que ya no puede controlarlo.

La opresión sexual puede ser vencida en el nombre de Jesús. En este capítulo he incluido una oración por quienes están intercediendo a favor de otros, así como una oración por los individuos en crisis. Podemos interceder por otros y Dios responderá; pero para poder mantener su libertad, la persona debe abandonar la actividad que le abrió la puerta al enemigo. Es por ello que, aparte de la oración por la liberación de la opresión sexual, los que están en crisis deben realizar la oración que le sigue. Esta los ayudará a cerrar la entrada que ellos mismos les abrieron a los espíritus demoníacos y se declararán nuevas criaturas en Cristo.

ORACIONES PARA ROMPER CON LA OPRESIÓN SEXUAL

Padre, tu Palabra declara en Romanos 12:1 que debemos presentar nuestros cuerpos en sacrificio vivo, santo y agradable a Dios, porque ese es nuestro culto racional. Señor, ayúdanos a hacerlo transformando y renovando nuestra mente. Padre, sabemos que si andamos en la carne no podremos complacerte. De manera voluntaria renunciamos a todo espíritu de pornografía, lujuria y lascivia. Rompemos la opresión mental asociada a imágenes inmundas. Padre, aplicamos la sangre purificadora de Jesús en nuestra mente para que la sature y expulse todo espíritu impuro de ella.

Oramos ahora por todos aquellos que le abrieron la puerta al enemigo cuando eran niños mirando materiales inapropiados. Los liberamos de todo deseo oculto que te desagrade. Te agradecemos, Padre, por la luz de tu Palabra que ilumina cada rincón oscuro. Tu Palabra dice que debemos guardar nuestro corazón porque de él mana la vida. Te agradecemos Señor por redimirnos hoy por medio de la sangre de Cristo, y declaramos libertad en el nombre de Jesús, ¡amén!

Para los que están en crisis individuales:

Dios eterno, acudo a ti en el nombre de Jesús. Tú eres mi Libertador. Tú conoces todas las cosas que mancillan, atormentan, y acosan a tus hijos. Tu palabra dice en Mateo 18:18 que todo lo que atemos en la tierra, será atado en el cielo; y que todo lo que desatemos en la tierra, será desatado en el cielo. Me arrepiento completamente de mis pecados de la carne y los denuncio. Perdono a toda persona que me haya ofendido de alguna manera. Denuncio a los espíritus que han logrado acceder a mi mente a través de la inmoralidad sexual. Despedazo su plan sobre mi familia hasta mil generaciones. Derribo toda maldición, y acepto la provisión de Cristo Jesús, pues Cristo nos redimió de la maldición de la ley (Gálatas 3:13).

Reprendo todo derecho que le haya dado a estos espíritus que les permitió entrar a mi vida. Aplico la sangre de Jesús y libero sobre mí el espíritu de liberación. Te pido, Señor, que envíes ángeles guerreros a unirse a los ángeles de Dios que acampan a mi alrededor en este momento. En el nombre de Jesucristo desecho y maldigo todo lo que es perverso y abominable delante de ti.

Coincido en el espíritu con la(s) persona(s) que está(n) a mi lado orando en que se trata de influencias demoníacas y que deben largarse en este momento. Ato todos los espíritus malignos que suelen operar junto a los espíritus de homosexualidad y perversión. Ato la masturbación y el espíritu de abuso propio. Ato la gratificación propia, el amor propio, el orgullo, la actividad sexual imaginaria, la impotencia, las fantasías, la arrogancia, la vanidad, la inferioridad, las dudas en cuanto a la masculinidad o la feminidad; los espíritus que llevan a tener continuas aventuras sexuales; los espíritus atormentadores; el deseo insaciable; los espíritus de violación, encantamiento, encaprichamiento y sensualidad; los ojos libertinos; la promiscuidad; el adulterio; la impureza; el comportamiento afeminado en los hombres; la fornicación; las desviaciones sexuales; la deshonra; el menosprecio; y el reproche. También ato el rechazo y todos los espíritus que se le asocian.

Derribo todas las autoridades demoníacas que han controlado y fomentado mi relación con ciertos amigos. En el nombre de Jesús ato todo espíritu que haya entrado a través del incesto, el abuso, las caricias no autorizadas, y la perversión.

Reprendo todo espíritu demoníaco que ataca mi mente con pensamientos impuros. Saco de mí mediante la sangre de Jesucristo toda actividad perversa y vergonzosa, y rompo todo vínculo y afecto pernicioso. Señor, te agradezco por la libertad total que recibo en tu nombre. Satanás, me someto totalmente a Dios, y te resisto. Lárgate en el nombre de Jesús. ¡Lárgate! ¡Lárgate! ¡Lárgate!

Padre, te pido que reveles toda ofensa sexual a la que no haya renunciado hoy. Soy una nueva criatura en Cristo. Las cosas viejas pasaron, y he aquí soy hecho nuevo en ti. Gracias Jesús por liberarme. ¡Amén!

Capítulo 16
LA POBREZA

La pobreza es una situación o estado o en el que no se tiene dinero o se tiene muy poco. La pobreza tiene el poder de dominar el espíritu humano. Puede robarle a una persona su alegría, y sumirla en la depresión. La pobreza es una asignación demoníaca temporal que causa carencia y deudas. Cuando está presente, las deudas se vuelven insalvables, haciendo que la persona se sienta ahogada. El espíritu de pobreza llega para robarse todas las bendiciones que lleguen a la vida de una persona, y acabar con su esperanza de progreso. Los que están oprimidos por la pobreza a menudo sienten como si estuvieran dando dos pasos hacia adelante y tres para atrás.

Sé por experiencia propia cómo opera este espíritu. Durante un tiempo parecía que por más que mi familia se esforzara, no podíamos salir adelante. Siempre ocurría algo que hacía que nuestra economía se dañara.

Cuando estaba en el último año de la secundaria, mis padres, mis tres hermanas y yo, vivíamos en una casa alquilada en una linda área del sur de Chicago. Nos alquilaba la casa una pareja africana que estaba pasando por una situación de divorcio terrible. Resulta que la casa terminó formando parte del acuerdo del divorcio, y nos comunicaron que teníamos que desalojarla en un período de treinta días. Imagine lo difícil que es tratar de buscar un lugar para una familia de seis miembros en ese cortísimo período de tiempo. Estábamos en medio de un terrible dilema.

Comenzamos desesperadamente a buscar un lugar a dónde mudarnos. Intentamos un recurso legal para que nos dieran más tiempo, pero este no prosperó. Mi hermana Cheryl y yo trabajábamos en el centro de la ciudad. Cheryl trabajaba en la Secretaría del Estado, y después de clases yo trabajaba en la Asociación de Bibliotecas de Estados Unidos como secretaria. Mi padre trabajaba como ingeniero encargado y mi madre era evangelista. Todos estábamos tratando de solucionar el problema.

En ese momento no nos habíamos dado cuenta de que estábamos enfrentando a un espíritu de pobreza. Cuando no era un problema mecánico en nuestro vehículo, era el refrigerador que se dañaba. Una cosa seguía a la otra. Cada vez que aportábamos lo que ganábamos y trabajábamos como familia para tratar de solventar la situación, ocurría algo que nos volvía a hundir.

Recuerdo el día que llegó el alguacil a desalojarnos. Yo venía en el autobús y me bajé en la parada que está más cerca de la casa. Cuando caminaba por la calle donde vivíamos, vi nuestros muebles afuera. Seguí caminando y vi el resto de nuestras cosas afuera. Me sentí sorprendida y desvastada al ver que todo lo que teníamos estaba afuera.

En ese momento me sentí derrotada, pero justo cuando mi corazón iba a tocar fondo, vi a mi hermana Denise frente a la casa. Ese día ella no había ido a trabajar porque se sentía mal, y cuando crucé la esquina la encontré sentada sobre el mueble de nuestro equipo de sonido, balanceando sus piernas, y para mi completa sorpresa, gritando "¡Venta de garaje!". Saludaba y les sonreía a las personas que pasaban y bajaban la velocidad por el frente de la casa. Denise siempre se caracterizó por su excelente sentido del humor, y tenía una fortaleza enorme durante los momentos de crisis.

Mi madre, una poderosa mujer de Dios y guerrera de la oración, estaba sentada en las escalinatas del frente con el teléfono en la mano. El alguacil fue lo suficientemente cortés como para permitirle mantener el cable del teléfono conectado de manera que pudiéramos llamar a alguien que viniera a ayudarnos a llevarnos los muebles. Todo esto estaba ocurriendo apenas unos días antes de que yo me graduara de la escuela secundaria. De más está decir que se trató de una gran prueba para todos. Mi papá alquiló un camión en el que mantuvimos nuestras cosas durante varios días mientras conseguíamos un lugar dónde vivir. Cuando una de las damas de nuestra iglesia se enteró de nuestra terrible situación, nos ofreció que nos quedáramos en su pequeño apartamento de una habitación ubicado en un edificio en el que solo vivían personas de la tercera edad. Estábamos muy agradecidos de poder tener un lugar en el cual pasar la noche. Los seis nos apiñamos en el pequeño apartamento de esta dama, y ella nos preparó comida y nos atendió sin quejarse.

El día de mi graduación ninguno de mis compañeros se enteró de que apenas unos días atrás mi familia había sido desalojada. A mí me tocaba cantar en la ceremonia de graduación, la cual se realizó un domingo en la mañana en un teatro del centro de la ciudad. Me pidieron que cantara después de haber sido nombrada la "graduando más talentosa". Ese día canté un tema de nombre "Conozco al Dueño del mañana", que dice que no me preocuparé por el futuro, porque conozco al que sabe todo lo que va a ocurrir.

Muchos miembros de la iglesia asistieron a la graduación. Durante el canto, mi madre estaba alabando a Dios y expresando aleluyas a pesar del hecho de que todo lo que teníamos seguía adentro del camión alquilado. Después de que mi familia comenzó a alabar a Dios, se inició una reacción en cadena. No sabíamos dónde iríamos, pero gracias a la esperanza, el trabajo, y el poder de la oración, lograríamos vencer el espíritu de pobreza que nos estaba socavando.

Tomamos la determinación de orar y salir de la situación en la que nos encontrábamos. Durante nuestra estadía con la dama de la iglesia, nuestra familia se unió como nunca antes. Nuestro amor mutuo se fortaleció al orar juntos en ese pequeño apartamento. Trabajamos juntos como familia. Durante un tiempo tuvimos que privarnos de muchas cosas, pero seguimos uniendo nuestras ganancias hasta que por fin pudimos mudarnos a nuestra propia casa en los suburbios del sur.

Hasta que no quede nada

El espíritu de pobreza trabaja en una variedad de formas, pero su objetivo es privar a la persona de la abundancia y agotar todos sus ingresos hasta que ya no quede nada. Esto puede afectar el razonamiento de la persona, la cual puede desarrollar hábitos que crearán una racha de derrotas. La persona puede ahogarse en deudas comprando cosas que no puede costear, solo para mantener las apariencias ante los demás. O puede adoptar una actitud derrotista y pensar que jamás saldrá adelante. En algunos casos, el espíritu de pobreza ha estado presente en la familia durante décadas.

Para poder derrotar el espíritu de pobreza, debemos dar algunos pasos prácticos. Debemos "arroparnos hasta donde nos alcance la cobija" y pagar los servicios puntualmente. Tenemos que tomar decisiones financieras basadas en lo que podemos costear y no para impresionar a los demás. Además, debemos ser fieles en nuestro compromiso con Dios. Las Escrituras nos dicen:

Dad, y se os dará; medida buena, apretada, remecida y rebosando darán en vuestro regazo; porque con la misma medida con que medís, os volverán a medir.

—LUCAS 6:38

Pero esto digo: El que siembra escasamente, también segará escasamente; y el que siembra generosamente, generosamente también segará. Cada uno dé como propuso en su corazón: no con tristeza, ni por necesidad, porque Dios ama al dador alegre.

—2 CORINTIOS 9:6–7

¿Robará el hombre a Dios? Pues vosotros me habéis robado. Y dijisteis: ¿En qué te hemos robado? En vuestros diezmos y ofrendas. [...] Traed todos los diezmos al alfolí y haya alimento en mi casa; y probadme ahora en esto, dice Jehová de los ejércitos, si no os abriré las ventanas de los cielos, y derramaré sobre vosotros bendición hasta que sobreabunde. Reprenderé también por vosotros al devorador, y no os destruirá el fruto de la tierra, ni vuestra vid en el campo será estéril, dice Jehová de los ejércitos.

—MALAQUÍAS 3:8, 10–11

Honra a Jehová con tus bienes, y con las primicias de todos tus frutos.

—PROVERBIOS 3:9

La desobediencia en darle a Dios lo que le corresponde le abre la puerta al espíritu de la pobreza. Le da al adversario el derecho de atacar al hijo de Dios. Nosotros solo pudimos vencer el fuerte espíritu de pobreza que nos tenía ahogados cuando comenzamos a devolver los diezmos y a dar fielmente las ofrendas.

Aunque la Biblia nos exhorta a dar abundantemente, no debemos enorgullecernos ni avergonzarnos de la cantidad que damos. Dios se fija es en las intenciones y los motivos del corazón del dador. Lo que Él busca es nuestra obediencia.

Aunque una familia haya vivido en la pobreza durante generaciones, no hay motivo para permanecer bajo esa maldición. La Palabra de Dios nos da autoridad sobre el espíritu de pobreza, y podemos romper su dominio incluso a nivel generacional. Los que permanecen en Cristo son el linaje de Abraham y herederos del pacto que Dios hizo con él. Servimos a un Dios que es más que poderoso para suplir todas nuestras necesidades. Nosotros podemos iniciar una bendición generacional dominando el espíritu de pobreza y viviendo una vida de obediencia a la Palabra de Dios.

Oración para derrotar el espíritu de pobreza

Padre eterno, venimos a ti agradeciéndote la oportunidad de rendirte nuestros problemas económicos. Te damos gracias por este momento introspectivo. Confesamos que ha habido ocasiones en las que no hemos sido obedientes en cuanto a nuestra dadivosidad hacia ti. Renunciamos a todo espíritu equivocado que haya afectado nuestro patrón al dar. Nos arrepentimos por las veces que no devolvimos nuestros diezmos, ni ofrendamos. Confesamos nuestra falta y te pedimos que nos perdones. Perdonamos a toda persona de cualquier ofensa relacionada a deudas de todo tipo.

También te pedimos perdón por:
- *Todo pecado cometido tanto por acción como por omisión.*
- *Ser deshonestos al pagar nuestras obligaciones y por evitar los cobradores.*
- *Pensar que los deudores no necesitan o se merecen el pago porque son ricos.*
- *No dar a los pobres.*
- *No ser consistentes y fieles al dar.*

Padre, en el nombre de Jesús te pedimos que cortes

cualquier maldición generacional u obstáculo que el diablo
haya puesto en nuestras finanzas. Atamos los espíritus de pobreza, codicia, y mentira; los miedos a la pobreza, al futuro, y
al cambio; la ingratitud; la impiedad; la indisposición a perdonar; la manipulación; la mentalidad de pobre; la violencia;
el irrespeto a los demás; las maldiciones heredadas; la traición;
el derrotismo; la melancolía; la deshonestidad; la apropia-
ción indebida de fondos; las decisiones equivocadas; y el robo.

Padre, neutralizamos el poder del espíritu carnívoro que
incita a las apuestas, a jugar la lotería, y a perseguir falsas
oportunidades de hacer dinero rápido. Enfrentamos el espíritu vagabundo, el descontento, la indolencia, la pereza, el
letargo, la pasividad, la carencia, la inmundicia, la desesperanza y el desdén. Señor, sabemos que estas son cosas que
el enemigo usa para mantenernos sofocados económicamente.

Ahora Señor, te damos gracias por aceptar nuestro arrepentimiento. Hoy acabamos con todo espíritu de pobreza.
Atamos el bastión del orgullo que busca impresionar a los
demás con cosas materiales que no podemos costear. Reprendemos el espíritu de engaño que hace que una persona gaste
más de lo que puede para impresionar a otros. Enfrentamos
el miedo a que este ciclo no sea cortado.

Destruimos toda fortaleza que haya estado operativa a
través de maldiciones generacionales, o todo pecado que haya
abierto puertas voluntaria o involuntariamente. Cortamos la
racha de deudas y opresión. Derrotamos el espíritu de carencia, necesidad y subsidios. Declaramos bendecidas nuestras finanzas.

Señor, tu Palabra declara: "Acuérdate de Jehová tu Dios,
porque él te da el poder para hacer las riquezas, a fin de
confirmar su pacto que juró a tus padres, como en este día"
(Deuteronomio 8:18).

Padre, liberamos toda inversión, herencia, y aquello que Dios haya planificado que tengamos. Derramamos sobre nosotros "la riqueza del pecador que está guardada para el justo" (Proverbios 13:22).

Te agradecemos por el Espíritu Santo que nos da poder sobre el enemigo. Te damos gracias porque suples todas nuestras necesidades en el nombre de Jesús. ¡Gracias, Señor, por liberarnos!

Declaramos en este día libertad y liberación del espíritu de pobreza. Tu Palabra declara que "la muerte y la vida están en poder de la lengua". Declaramos y decretamos que las bendiciones de Abraham, Isaac, y Jacob sean derramadas sobre nuestras vidas y nuestras familias de acuerdo a la Palabra de Dios. Gracias, Señor por el comienzo de una vida libre de deudas.

Señor, declaramos que envíes tu bendición sobre nuestros graneros, y sobre todo aquello en que pongamos nuestra mano; y nos bendigas en la tierra que tú Jehová nos das (Deuteronomio 28:8). Te pedimos estas cosas, en el inigualable nombre de Jesús. Amén.

DECLARACIÓN PARA CONVERTIRSE EN UN MILLONARIO DE DIOS

Amado Señor, me dirijo a ti en el poderoso nombre de Jesús. Tú has dicho en Deuteronomio 8:18 que tú me das el poder para hacer las riquezas, a fin de confirmar tu pacto conmigo. Señor, soy coheredero contigo, y tengo una herencia entre los que han sido santificados. Tú viniste para que yo pudiera tener vida más que abundante. Tú me pediste que buscara primero el reino de Dios y su justicia, y que todo lo demás vendría por añadidura (Mateo 6:33). Declaro que te buscaré por encima de cualquier necesidad material que pueda tener.

Tú eres capaz de darme muchísimo más de lo que yo jamás te pueda pedir o imaginar.

Tú has dicho que el oro y la plata en las entrañas de la tierra te pertenecen. Tú declaras que la tierra y su plenitud es tuya, el mundo y los que en él habitamos. Dios eterno, tú no cambias. No voy a robarte tus diezmos y ofrendas. Tú me has pedido que te pruebe. Señor, tú has abierto las ventanas de los cielos, y recibo tus abundantes bendiciones.

Te doy gracias por haberme protegido reprendiendo al devorador. Te agradezco porque el fruto de tu vid será bendito y oportuno. Gracias porque soy tierra deseable. Mis manos son bendecidas, así como mis pies. Tú bendices mi salida y mi regreso. ¡Soy bendecido!

Te doy gracias Señor porque mis palabras se han hecho tus palabras, y porque las declaro siempre. Gracias porque soy tu joya y porque me has dado un gran discernimiento. No hablo por mis propios méritos sino por los méritos de Dios. "La muerte y la vida están en poder de la lengua", porque tú así lo quisiste.

Como tú dijiste que lo que yo diga será hecho (Marcos 11:23), declaro que tengo ojos para ver y recibir la riqueza del pecador que está guardada para el justo, para construir y proclamar el Reino de Dios. Declaro que:

Soy rico en la gracia.

Soy rico en misericordia.

Soy rico en amor.

Soy santo.

Soy redimido por la sangre del Cordero.

Soy coheredero con Cristo.

¡Soy un millonario de Dios!

Capítulo 17
LA ARIDEZ ESPIRITUAL

Eᴸ ᴄᴏʀᴀᴢóɴ ᴅᴇ una persona que ha perdido su relación con Dios o que se ha apartado de la fe es como un desierto árido y seco. En el desierto solo pueden existir pocas formas de vida debido a la falta de agua. Sin una fuente de agua continua, es muy difícil para las plantas, los animales, y las personas sobrevivir. De la misma manera, a aquel cuyo corazón se ha secado espiritualmente le cuesta dar buen fruto. Generalmente se muestran fríos. Incluso en los momentos de oración hay una carencia de contrición y de quebrantamiento del espíritu.

La Biblia dice que el corazón es perverso. ¿Quién lo conocerá, sino Dios? Cuando David pecó contra Dios cometiendo adulterio con Betsabé, el profeta Natán tuvo que ayudarlo a que pudiera darse cuenta de su error (2 Samuel 12). Cuando David entendió lo que había hecho, imploró ante el Señor en oración:

> Ten piedad de mí, oh Dios, conforme a tu misericordia;
> Conforme a la multitud de tus piedades borra mis rebeliones.
> Lávame más y más de mi maldad,
> Y límpiame de mi pecado.
> Porque yo reconozco mis rebeliones,
> Y mi pecado está siempre delante de mí.
> Contra ti, contra ti solo he pecado,
> Y he hecho lo malo delante de tus ojos;
> Para que seas reconocido justo en tu palabra,
> Y tenido por puro en tu juicio.
> He aquí, en maldad he sido formado,
> Y en pecado me concibió mi madre.

He aquí, tú amas la verdad en lo íntimo,
Y en lo secreto me has hecho comprender sabiduría.
Purifícame con hisopo, y seré limpio;
Lávame, y seré más blanco que la nieve.
Hazme oír gozo y alegría,
Y se recrearán los huesos que has abatido.
Esconde tu rostro de mis pecados,
Y borra todas mis maldades.
Crea en mí, oh Dios, un corazón limpio,
Y renueva un espíritu recto dentro de mí.
No me eches de delante de ti,
Y no quites de mí tu santo Espíritu.
Vuélveme el gozo de tu salvación,
Y espíritu noble me sustente.
Entonces enseñaré a los transgresores tus caminos,
Y los pecadores se convertirán a ti.
Líbrame de homicidios, oh Dios, Dios de mi salvación;
Cantará mi lengua tu justicia.
Señor, abre mis labios,
Y publicará mi boca tu alabanza.
Porque no quieres sacrificio, que yo lo daría;
No quieres holocausto.
Los sacrificios de Dios son el espíritu quebrantado;
Al corazón contrito y humillado no despreciarás tú, oh Dios.
Haz bien con tu benevolencia a Sión;
Edifica los muros de Jerusalén.
Entonces te agradarán los sacrificios de justicia,
El holocausto u ofrenda del todo quemada;
Entonces ofrecerán becerros sobre tu altar.

—SALMOS 51

David sabía que su pecado lo separaría de Dios, y por ello estuvo dispuesto a confesar su falta, consciente de que Dios no desprecia un corazón contrito y quebrantado. El Señor fue fiel para perdonarlo y permitirle restaurar la comunión que antes había disfrutado con Él.

El pecado es lo que hace que nos sequemos espiritualmente. Una de las definiciones más comunes de pecado es errar o fallar en el intento de vivir bajo un patrón determinado. Otra definición de pecado se encuentra en 1 Juan 3:4: "El pecado es infracción de la ley". Esto significa que pecar es todo aquello que es contrario a lo que la Palabra de Dios ordena. Dicho de otra manera, "toda injusticia es pecado", según declara 1 Juan 5:17.

Es posible que hayamos experimentado desilusiones o pérdidas que hayan hecho que dudemos de la fidelidad de Dios. Podemos haber descuidado la oración y el estudio de la Palabra de Dios, haciendo que nuestra fe en las promesas de Dios se debilite. Esta clase de detalles pueden llevarnos a que nos alejemos de Dios.

Cristo es un pozo de agua viva. Cuando una persona está en un estado de aridez o de tibieza espiritual, hay una clara ausencia del gozo, la alegría y la paz que Cristo da.

Existe un proceso llamado *gradualismo* que lleva a la desconexión espiritual. Con el *paso del tiempo* la persona se vuelve fría, distante, y desinteresada en las cosas de Dios. Comienza a escuchar el espíritu del mundo, y a permitir que este ejerza una mayor influencia que Dios en su persona. Comienza a seguir sus propios deseos en vez de pasar tiempo en la presencia de Dios. Luego se hace difícil recuperar la relación que se tenía anteriormente.

Como pastora he aprendido a reconocer algunas señales claras de que alguien está en una situación espiritual crítica:

Comienza a atacar. La persona que no tiene una relación cercana con el Señor a menudo mostrará cierto desprecio silencioso y espontáneo por la iglesia, el pueblo de Dios, y especialmente por aquellos que se muestran gozosos, viviendo

una vida plena. Los que están desconectados espiritualmente
suelen tener un fuerte espíritu crítico que los induce a ver
errores en aquellos a quienes antes respetaban. Se trata de
un espíritu ofensivo que crea divisiones entre los que se aman
genuinamente. Si este problema no es enfrentado, el espíritu
ofensivo terminará destruyendo amistades y relaciones.

Cambia su manera de hablar. La Biblia dice que de la abundancia del corazón habla la boca (Mateo 12:34; Lucas 6:45).
Una segunda señal que he notado en aquellos que han dejado
su primer amor es que su conversación cambia. He observado
que los que se apartan de Dios tienen la tendencia a evitar completamente las conversaciones relacionadas con Dios. Generalmente sus conversaciones están caracterizadas por lo carnal.

Se ponen de mal humor. Una tercera señal de que ha habido una desconexión espiritual es que la persona se molesta
fácilmente. La rabia es una señal clara de que alguien está
guardando rencor. La indisposición a perdonar nos separa de
la presencia de Dios. La Biblia dice: "Mas si no perdonáis a
los hombres sus ofensas, tampoco vuestro Padre os perdonará
vuestras ofensas" (Mateo 6:15). Y: "Cuando estéis orando, per-
donad, si tenéis algo contra alguno, para que también vuestro
Padre que está en los cielos os perdone a vosotros vuestras
ofensas" (Marcos 11:25).

Negarnos a perdonar produce aridez espiritual. Cuando
una persona está acostumbrada a sentir el amor y la presencia
de Dios, se siente perdida cuando ya no los percibe. No se da
cuenta de que podría estar desconectada de la presencia de
Dios por su negativa a perdonar. El perdón es una acción de la
voluntad. Una vez que ha habido perdón y una restauración de
la mente, el cuerpo y el espíritu; el amor y la gratitud por todas
las cosas que Él ha hecho comienzan a fluir nuevamente.

Es triste ver a una persona que está perdida en un mundo de

desilusiones, amargura, y hostilidad; apartada de la presencia de Dios. Esta es una situación peligrosa. No permita que los quehaceres de la vida o que hombres con fragilidades humanas lo alejen de la presencia de Dios. Haga como David, y regrese al Señor.

Habacuc oró: "Oh Jehová, aviva tu obra en medio de los tiempos, en medio de los tiempos hazla conocer; en la ira acuérdate de la misericordia" (Habacuc 3:2). Si usted está en una situación de aridez espiritual, Dios es misericordioso y escucha su oración. Usted puede ser restaurado hoy.

ORACIÓN CONTRA LA ARIDEZ ESPIRITUAL

Padre, tu Palabra enseña que el corazón es perverso. ¿Quién lo conocerá, sino Dios? Por eso hoy te pedimos que limpies nuestros corazones. Examínanos y pruébanos para ver si hay caminos perversos en nosotros. Crea en nosotros un corazón puro, y renueva un espíritu correcto en nosotros. Espíritu Santo, te pedimos que nos quites el frío corazón de piedra que tenemos y nos des un corazón de carne.

Te pedimos Señor que traigas claridad sonde hay desilusión, esperanza donde no la hay, y amor para aquellos que están espiritualmente perdidos. Te pedimos que Liberes a [nombre de la persona] de este lugar seco y estéril, y lo restaures espiritualmente en el nombre de Jesús. Sopla en tu pueblo el aliento de vida, Señor.

Te pedimos, Señor, que levantes cada carga que ha causado aridez espiritual. Libera ahora tu Espíritu Santo y permite que el agua de tu Palabra brote y renueve el espíritu. Te pedimos restauración, avivamiento y renovación del espíritu. Señor, permite que la gloria de tu presencia restaure el gozo del espíritu. Liberamos felicidad y risas que actúen como medicinas para el alma. Padre, pon aplausos en nuestras manos, danos belleza en lugar de cenizas, y el aceite de tu gozo en lugar de llanto. Levanta las cabezas bajas, y derrama una unción que destruya todo yugo. Te glorificamos, Señor, por tu poder que es capaz de producir verdadera liberación en el nombre de Jesús. Amén.

Capítulo 18
VIOLENCIA EN NUESTRAS CIUDADES

No hace mucho tuve la oportunidad de viajar a la ciudad de Roma, en Italia. Allí, pude visitar el famoso Coliseo, una obra arquitectónica imponente. Fue emocionante ver ese lugar en el que luchaban los gladiadores y que ocupa un lugar tan importante en la historia mundial.

Durante mi increíble estadía en Roma, conocí mucha gente. Muchas veces me preguntaron de dónde era. Cuando les decía que había nacido y crecido en Chicago, Estados Unidos, muchos me mencionaban inmediatamente a uno de los más famosos residentes de mi ciudad. "¡Al Capone!", dijo un caballero emocionado. De hecho pronunció su nombre en perfecto italiano, como si lo conociera personalmente.

Debo ser sincera: Me sorprendió y me dio un poco de tristeza que la ciudad donde nací sea asociada principalmente con un famoso mafioso estadounidense. Como nativa y residente de Chicago, conozco áreas de la ciudad que son reconocidas mundialmente por su elegancia. La "Milla Magnífica" es una prestigiosa sección del centro de Chicago conocida por sus tiendas de lujo, y su arquitectura. La ciudad tiene una silueta emblemática, y resalta por sus exclusivos hoteles frente al lago, museos, espectáculos y vida cultural.

La ciudad tiene muchas cosas positivas, pero lamentablemente, en años recientes ha habido un drástico incremento de la violencia y el crimen. Apenas el año pasado hubieron más de quinientos homicidios.[1] La ciudad se ha ganado la reputación de ser una de las más violentas del país, dado el número de bandas rivales que se matan entre sí para vengarse e infundir miedo.

Yo me gradué en una secundaria del centro de la ciudad, y me da mucho dolor poner las noticias y escuchar que un niño inocente ha caído víctima de una bala perdida que estaba dirigida a otra persona. Recientemente fui invitada a la secundaria donde me gradué para escuchar al Presidente de Estados Unidos hablar sobre el tema de la violencia. El alcalde, el gobernador del estado, funcionarios gubernamentales, líderes comunitarios, jefes de la policía y líderes religiosos asistieron a la cita.

Yo me senté en silencio a escuchar al presidente tratar de ofrecer alguna clase de solución al problema. Parece que todo el mundo está desconcertado por el elevado nivel de angustia, hostilidad y violencia entre algunos de los jóvenes de Chicago. Los jóvenes que asistieron ese día dijeron que creían que el problema tenía su origen en la mala economía y la dificultad que tenían muchos para conseguir empleo en la ciudad. La gente tiene diversas teorías sobre la manera en que se puede cambiar la situación, pero muy pocas respuestas.

Ese día conocí a la madre de una niña que había sido invitada a las festividades por la asunción del presidente electo en Washington, y que unos días después al regresar a Chicago fue asesinada por la violencia callejera. Esta joven, con las más altas calificaciones y un futuro brillante por delante, murió alcanzada por una bala cuando trataba de protegerse de la lluvia. Se me parte el corazón de solo pensar en el dolor que debe haber sentido su madre, su familia y sus amigos. Mi corazón se entristece por cada familia que se ha visto afectada por la violencia en nuestra ciudad.

Nuestro ministerio periódicamente envía equipos a ministrar en un correccional juvenil. Allí hay jóvenes encarcelados por diversos crímenes. Algunos están presos por vender o poseer drogas. Otros cometieron violaciones o asesinatos. Siempre notábamos un endurecimiento y una rabia entre los cientos de jóvenes a los que les ministrábamos, pero continuábamos cantando y predicando la Palabra sin inmutarnos.

Recuerdo que una vez tuve sesiones de oración con un grupo de jóvenes entre los que había varios miembros de pandillas. A varios les pregunté por qué expresaban tanta rabia, y qué los hacía atacar a otras personas. No recuerdo cuántas veces escuché la misma respuesta: "Porque me no me respetaron". Recibí esta respuesta una y otra vez por parte de chicos y chicas. Curiosamente, muchas de las chicas se mostraban más insensibles y violentas que los muchachos, y estaban encarceladas por crímenes tan violentos como los de ellos.

La otra razón que esgrimían era que estaban rabiosos porque sus padres estaban ausentes de sus vidas. Yo sabía que este era un factor que contribuía al crimen juvenil, pero el nivel de resentimiento expresado por la ausencia de los padres me impresionó. Muchas veces sus madres solteras se vieron forzadas a trabajar largas horas para proveer comida y un techo para ellos. Como resultado, sus hijos terminaron siendo criados por los maestros de las escuelas y por niñeras, y se convirtieron en víctimas fáciles de las pandillas. En muchos casos ninguno de los padres estuvo presente en la vida del niño como consecuencia del abuso de drogas o la prisión, y estos jóvenes tuvieron que ser criados por otras personas, como sus abuelos.

Debo decir que me sorprendió la cantidad de jóvenes que se quejaron de haber sido irrespetados. Me pareció increíble que adolescentes que no tenían trabajo, grandes logros, ni razones para exigir respeto quisieran eso más que otra cosa. El respeto no se exige, el respeto se gana. Los jóvenes de hoy se quejan de que no hay trabajo, y aun así muchos abandonan la escuela y no cumplen con las exigencias mínimas requeridas para los empleos disponibles.

Una de mis hermanas presenció una tremenda victoria durante una de sus visitas al correccional. Mi hermana Denise mide casi seis pies de altura (1,80 m.) y los jóvenes la llamaban "La gran Denise". Cada vez que los visitábamos, la gran Denise citaba la Palabra y pedía su atención. Denise tenía una enorme capacidad de atrapar la atención de los jóvenes. Su amor y honradez lograban desarmar a la persona que estuviera más a la defensiva. El personal de la cárcel nos contó que no se suscitaban reyertas ni violencia durante semanas después de nuestras visitas. El director de la cárcel nos llamaba una y otra vez debido a los cambios que estaba viendo en los jóvenes.

Denise le preguntó una vez a un joven hispano si ella podía orar con él. Él le permitió orar por él, y después de hacerlo, ella le preguntó si podía abrazarlo. Él accedió; y cuando ella lo abrazó, el joven comenzó a llorar en sus brazos. Le dijo que no recordaba la última vez que su madre lo había abrazado o que le había dicho que lo amaba.

A diario vemos violencia en las calles, y está bien que nos preocupemos. Pero si queremos ver una transformación en nuestras ciudades, debemos dirigir nuestras oraciones al espíritu de violencia que obra en estos individuos lastimados y resentidos. Podemos orar para que nuestros jóvenes atrapados en estas bandas sean liberados de los poderes demoníacos que no solo los están aterrorizando a ellos, sino a sus comunidades. Podemos orar para que los hombres cumplan con su función de ser los profetas y sacerdotes de sus hogares. Y podemos orar por los líderes espirituales que están ministrando en nuestras comunidades. Gracias a la oración no estamos carentes de poder. Podemos acudir directamente a Dios, derribar fortalezas, y liberar a los cautivos.

Oración por las víctimas de la violencia

Señor, en medio de la creciente ola de violencia y sufrimiento en nuestras ciudades, te agradecemos porque tú aún eres Dios. Te pedimos hoy por cada familia, cada madre y cada padre, cada hermano y cada estudiante que se ha visto afectado por la violencia. Señor, le hablamos al dolor y al sufrimiento causados por estos trágicos homicidios, y a los acontecimientos que llevaron a esos desenlaces.

Señor, solo tú sabes la profundidad del dolor que sienten las personas que han perdido miembros de sus familias y amigos cercanos en actos de violencia sin sentido. Padre, te pedimos que extiendas tu mano compasiva y misericordiosa para que comience su sanación. En el nombre de Jesús, te pedimos que toques los corazones de los familiares de las víctimas, para que puedan librarse del resentimiento y hallar paz.

Señor, te pedimos también justicia en cada caso. Obra en el sistema judicial para que cada persona responsable asuma su responsabilidad y se arrepienta. Te pedimos que des sabiduría a cada juez y abogado de manera que sean instrumentos de justicia. Te pedimos que el espíritu de perdón descanse sobre cada persona que ha quedado destruida emocionalmente debido a estos actos de violencia. Sabemos que cuando hay amargura en el corazón tú no escuchas nuestras oraciones.

Gracias, Señor, por derribar el espíritu de violencia y venganza. Elevamos nuestra juventud en tu presencia, y oramos para que ordenes sus pasos y los alejes de los planes del enemigo.

Te agradecemos, Señor, por cubrir a los miembros de nuestras familias y protegerlos del bastión que está activo en nuestras ciudades. Liberamos los ángeles del Señor para que cubran y protejan a tus hijos. Creemos que tú nos darás la victoria en el nombre de Jesús.

A cada persona que ha quedado destruida y tiene heridas abiertas le aplicamos el bálsamo sanador de Galaad para aliviar su dolor. En el nombre de Jesús te pedimos que le des paz y sanes sus heridas. Utiliza el recuerdo del ser amado para llamar la atención de la juventud descarriada.

Dios mío, dale serenidad para aceptar las cosas que no podemos cambiar, valor para cambiar las cosas que sí podemos cambiar, y sabiduría para saber la diferencia. Amén.[2]

ORACIÓN POR LOS HOMBRES, LOS PROFETAS Y LOS SACERDOTES DEL HOGAR

Padre, intercedemos por los hombres, los profetas espirituales y sacerdotes de las familias. Intercedemos por los hombres en todo lugar que han estado bajo el ataque del enemigo. Te pedimos ahora que corones sus cabezas con sabiduría y conocimiento, tanto para el trabajo como para las decisiones familiares, y para saber qué rumbo deben tomar. Tu Palabra declara que los pasos de los hombres son ordenados por ti. Por eso te pedimos que los dirijas. Ilumina su camino, de manera que ellos puedan glorificarte en el nombre del Señor.

Te pedimos que les des la suficiente claridad espiritual para escuchar tu voz. Úngelos para que dirijan sus familias mediante el ejemplo. Oramos para que respondan al llamado del Espíritu Santo. Te pedimos que los ayudes a tener un espíritu de humildad y sensibilidad en todos los aspectos. Te pedimos que al igual que Daniel tengan un espíritu excelente y una vida de oración sólida. Hazlos valientes como a Gedeón, y que al igual que Samuel, respondan al llamado divino.

Derribamos toda fortaleza diseñada para influenciar a los hombres. Ayúdalos Padre a evitar los caminos equivocados. En el nombre de Jesús, reprendemos todo espíritu dominante y engañoso como el de Jezabel. Atamos todo espíritu como el de Acab, cuyo propósito es mermar su autoridad.

Señor, actuamos contra la incapacidad de tomar decisiones y ponerlas en práctica. Derribamos todo espíritu seductor como el de Dalila que sea enviado para engañar y seducir. Maldecimos los intentos del enemigo de descubrir las fortalezas que tú les has dado a los hombres para manipularlos. Atamos todo espíritu atrayente y encantador que aleje a los hombres de tus principios y preceptos, así como de sus familias. Cerramos cada puerta hacia la baja autoestima que dé lugar a la adulación y el engaño.

Señor, permite que los padres sean modelos ejemplares ante sus hijos y que crezcan en el temor de Jehová. Pronunciamos una oración especial por aquellos hombres cuyos padres estuvieron ausentes durante sus años de adolescencia. Llena todo vacío dejado por la ausencia de la figura paterna, y dales la capacidad de amarte a ti y a sus familias de la manera en que deben hacerlo. Espíritu Santo, ayúdalos a perdonar.

Sobre cada hombre de Dios pronunciamos las bendiciones de Abraham, Isaac, y Jacob, y pedimos nuevas fuentes de ingresos y bendiciones económicas. Liberamos ascensos y aumentos de sueldo en sus trabajos. Te pedimos ahora que ellos puedan experimentar un gozo inexpresable en el Señor. Bendice a cada miembro de sus familias, y cúbrelos con la preciosa sangre de Jesús. Que este sea un año de alegría para ellos. Bendícelos concediéndoles tiempo con sus familias que permita estrechar los lazos de amor.

Te pedimos que envíes ángeles protectores, y que los padres tengan un ojo avizor para identificar desde lejos las amenazas del enemigo sobre sus hijos. Gracias, Señor, por tantas bendiciones. Libera tu amor ágape. En el nombre de Jesús, amén.

Oración por los líderes espirituales

Señor, cubrimos a cada obispo, pastor, maestro, profeta, y evangelista que esté proclamando las buenas nuevas del evangelio de Jesucristo. Padre, pronunciamos gracia y paz sobre cada hombre y mujer de Dios que presta servicio fiel en la Iglesia. Bendícelos ahora en el nombre de Jesús. Te pedimos Señor que toques sus familias para que sepan que ellos los aprecian por su trabajo. Haz que sepan que tienen tu aprobación y que tú los has hecho vencedores y conquistadores.

Señor, bendice a los pastores de una manera especial, pues muchos de ellos han sacrificado todo a causa del ministerio. Tú ves y tú recompensas, Señor. Levanta la cabeza baja, y dale esperanza al pastor que esté en necesidad. Provee recursos naturales y espirituales, y más recursos económicos. Te pedimos que sus proyectos de propiedad y de tierra puedan hacerse realidad. Levanta personas de poder e influencia que los ayuden a lograr todo lo que tú has puesto en sus corazones.

Dales todo lo que tú deseas que tengan. Bendice sus salidas y sus llegadas. Dales fuerza hoy en el poderoso nombre que está por encima de todo nombre, y para la gloria del Padre, el nombre de Jesús, amén.

CONCLUSIÓN

Al concluir estas páginas de *Intervención espiritual*, es mi deseo sincero que cada palabra escrita sea de gran bendición para su vida. Creo que estas palabras fueron inspiradas por el Espíritu Santo, y que una verdadera intervención ocurrirá en favor de usted y sus seres queridos. Que el amor abundante de nuestro Dios lo cubra, y lo llene de un gozo supremo. *"Jehová te bendiga, y te guarde; Jehová haga resplandecer su rostro sobre ti, y tenga de ti misericordia; Jehová alce sobre ti su rostro, y ponga en ti paz"* (Números 6:24–26).

Para mí sería de gran valor saber de qué manera este libro ha bendecido su vida. Me encantaría recibir sus comentarios, anécdotas y testimonios de victoria. Si lo desea, puede escribirme a: Kimberly Ray, P. O. Box 1104, Matteson, IL 60443, o enviarme un correo electrónico a: kray@angierayministries .com.

Apéndice
PASOS NECESARIOS PARA ORAR EFECTIVAMENTE

Vosotros, pues, oraréis así: Padre nuestro que estás en los cielos, santificado sea tu nombre. Venga tu reino. Hágase tu voluntad, como en el cielo, así también en la tierra. El pan nuestro de cada día, dánoslo hoy. Y perdónanos nuestras deudas, como también nosotros perdonamos a nuestros deudores. Y no nos metas en tentación, mas líbranos del mal; porque tuyo es el reino, y el poder, y la gloria, por todos los siglos. Amén.

—MATEO 6:9-13

En el Padrenuestro, citado arriba, encontramos los pasos que debemos tener en mente cuando acudimos delante de la presencia de Dios en oración.

1. **Dé gloria a Dios humildemente, y ore con reverencia y adoración.** *Padre nuestro que estás en los cielos, santificado sea tu nombre (Mateo 6:9).* El Salmo 100:4 nos dice que debemos entrar por sus puertas con acción de gracias, y por sus atrios con alabanza. **Pídale con fe y con un espíritu sumiso, que se haga la voluntad de Dios.** *Hágase tu voluntad, como en el cielo, así también en la tierra (Mateo 6:10).*

2. **Exprese su dependencia de Dios y pídale su provisión.** *El pan nuestro de cada día, dánoslo hoy (Mateo 6:11).*

3. **Pida perdón a Dios por todo pecado cometido tanto por acción como por omisión.**

Y perdónanos nuestras deudas, como también nosotros perdonamos a nuestros deudores (Mateo 6:12). Los versículos 14 y 15 continúan diciendo: "Porque si perdonáis a los hombres sus ofensas, os perdonará también a vosotros vuestro Padre celestial; mas si no perdonáis a los hombres sus ofensas, tampoco vuestro Padre os perdonará vuestras ofensas".

4. **Pídale al Señor que lo guíe, y que lo mantenga alejado de las trampas del enemigo.** *Y no nos metas en tentación, mas líbranos del mal (Mateo 6:13).*

5. **Concluya alabando a Dios por lo que Él es y por las cosas maravillosas que ha hecho.** *Porque tuyo es el reino, y el poder, y la gloria, por todos los siglos. Amén (Mateo 6:13).*

NOTAS

Capítulo 1—No con ejército ni con fuerza

1. Merriam-Webster.com, s.v. "resist", http://www.merriam-webster.com/dictionary/resist (consultado en línea el 15 de septiembre de 2013).

Capítulo 2—Armado y peligroso

1. *Ibíd.*, s.v. "war", http://www.merriam-webster.com/dictionary/war?show=0&t=1379306183 (consultado en línea el 15 de septiembre de 2013).

2. *Ibíd.*, s.v. "principality", http://www.merriam-webster.com/dictionary/principality (consultado en línea el 15 de septiembre de 2013).

3. *Ibíd.*, s.v. "power", http://www.merriam-webster.com/dictionary/power (consultado en línea el 15 de septiembre de 2013).

Capítulo 5—Trastornos de la conducta alimentaria

1. "Adult Obesity Facts", Centers for Disease Control and Prevention, 13 de agosto de 2012, http://www.cdc.gov/obesity/data/adult.html (consultado en línea el 30 de julio de 2013).

Capítulo 18—Violencia en nuestras ciudades

1. "Preliminary Annual Uniform Crime Report, January–December, 2012", Federal Bureau of Investigation, http://www.fbi.gov/about-us/cjis/ucr/crime-in-the-u.s/2012/preliminary-annual-uniform-crime-report-january-december-2012/tables/table-4-cuts/table_4_offenses_reported_to_law_enforcement_by_state_illinois_through_missouri_2012.xls (consultado en línea el 15 de septiembre de 2013).

2. "La oración de la serenidad" está atribuida a Reinhold Neihbur en este sermón de 1943. Si desea más información, visite la siguiente página [en inglés]: http://www.the-serenity-prayer.com/about_serenity.php (consultado en línea el 15 de septiembre de 2013).